Un perro perfecto en **21** días

Manual de entrenamiento completo para tu mascota

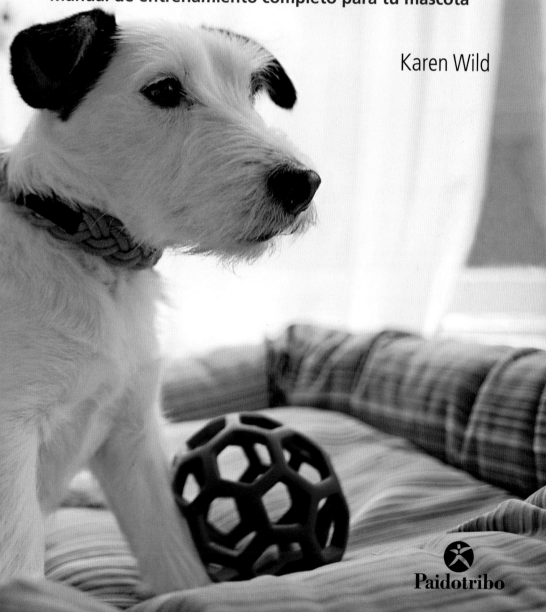

Un perro perfecto en **21** días

Manual de entrenamiento completo para tu mascota

Karen Wild

Paidotribo

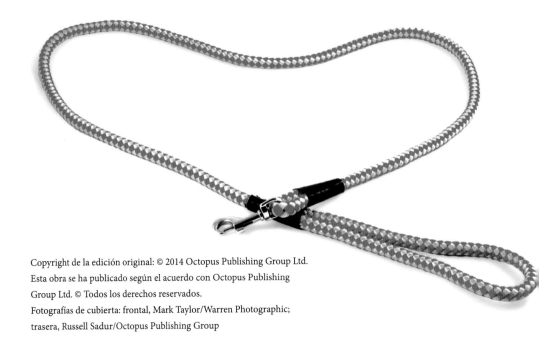

Copyright de la edición original: © 2014 Octopus Publishing Group Ltd.
Esta obra se ha publicado según el acuerdo con Octopus Publishing
Group Ltd. © Todos los derechos reservados.
Fotografías de cubierta: frontal, Mark Taylor/Warren Photographic;
trasera, Russell Sadur/Octopus Publishing Group

Título original: *21 days to the Perfect Dog*

Autor: Kim Houston
Traducción: Pedro González del Campo
Edición: Mª Ángeles González Moreno

© 2015, Editorial Paidotribo
C/. de la Energía, 19-21, Les Guixeres - 08915 Badalona (España)
Tel.: 93 323 33 11 - Fax: 93 453 50 33
http://www.paidotribo.com - E-mail: paidotribo@paidotribo.com

Primera edición
ISBN: 978-84-9910-576-5
BIC: MZC
Maquetación: Juanca P. Romero
Impreso en China

Descargo de responsabilidades

Los consejos de este libro sólo
cumplen la función de aportar
información general. No son
aplicables específicamente a ningún
caso individual y de ninguna
manera remplazan al asesoramiento
y consejo de un veterinario al que
se consulte cualquier situación
concreta. Paidotribo se exime de
toda responsabilidad por cualquier
consecuencia derivada del uso de la
información contenida en este libro
o de la confianza depositada en ella.

A menos que la información de
este libro se refiera explícitamente
a ejemplares hembra, no se hará
ninguna distinción de sexo. La
información es igualmente aplicable
a perros de ambos sexos, a no ser
que se indique específicamente lo
contrario.

Índice

Primera parte: Evaluación

Todo cuanto necesitas saber antes de empezar el adiestramiento

Introducción

Bienvenido a este divertido «campo de instrucción» donde tu perro empezará este Plan de adiestramiento de 21 días. Consiste en practicar un gran número de ejercicios amenos que te ayudarán a estrechar lazos con él y convertirán a tu amigo canino en un mejor compañero. Este plan te guiará a la hora de evaluar sus destrezas; te permitirá entrenar paso a paso las habilidades básicas que necesita, y te aportará soluciones eficaces para gran número de áreas problemáticas.

Este libro es ideal para perros en cualquier fase de la vida y con cualquier grado de adiestramiento, por lo que, tanto si acabas de decir «hola» a tu nuevo cachorro como a un perro mayor, el Plan de 21 días es ideal si lo que quieres es contar día tras día con asistencia y orientación. Te ayudará a no salirte del camino, sin importar lo ocupado que estés. Por supuesto, todo adiestramiento requiere que introduzcas cambios en los hábitos ya adquiridos, pero lo hemos hecho de la manera más sencilla posible y con un formato de fácil seguimiento. Se explican todos los pasos con detalle y se ilustran con fotografías para que entiendas al instante lo que debes hacer y lo que puedes esperar cuando tu perro aprenda una a una esas nuevas destrezas.

Un aprendizaje fácil para una mejor socialización

Nuestros métodos son positivos, basados en premios y equitativos, aunque todas las conductas se marcan y mantienen dentro de sus límites admisibles. Tu perro aprenderá de una manera estructurada que protegerá su salud y bienestar, y mantendrá los aprendizajes. También tu familia se puede implicar, a medida que el perro asiente y afiance sus nuevas destrezas. Los perros son animales sociales, pero necesitan adiestramiento para socializarse con otros perros, niños y adultos, y para que obedezcan reglas. Esto es tan importante para su felicidad y la tuya que hemos incorporado secciones sobre socialización, para cubrir todas las áreas de su vida e inculcarle una actitud serena y relajada hasta en las situaciones más espinosas.

Karen Wild

No hay por qué aplazarlo más. ¿Por qué no empezar ahora mismo el Plan de adiestramiento de 21 días? ¡Tu perro y tú os lo vais a pasar en grande!

Cómo empezar

Esta primera sección está pensada para ayudarte a evaluar el nivel actual de aprendizaje de tu perro y decidir lo mucho o lo poco que consigue aprender a diario. También te ayudará a evaluar tu propio nivel de destrezas de adiestramiento y a descubrir cómo ser un profesor mejor y más eficaz. Una vez completadas estas evaluaciones, tenlas en mente cuando tu perro y tú vayáis progresando a lo largo del Plan de adiestramiento de 21 días.

Establece el ritmo correcto

Al empezar la evaluación de tu perro, aprenderás qué expectativas has depositado en él teniendo en cuenta su fase de la vida y sus capacidades, así como los instintos predominantes de su raza. Esto permitirá que las lecciones se individualicen y sean más útiles, y así, en 21 días, tendrás un perro atento que estará más unido a ti y al resto de la familia.

La vida hogareña es importante, y si bien el Plan de 21 días te exigirá reservar tiempo a diario para el adiestramiento del perro, descubrirás que también es posible establecer y lograr objetivos realistas y adaptados al estilo de vida de tu familia. Sólo hay que ajustar el horario a las necesidades del perro, las tuyas propias y las de tu familia.

Un nuevo enfoque del adiestramiento

El adiestramiento mejora la capacidad de tu perro y la eleva a un nuevo nivel, por lo que es un proceso que en sí mismo supone un reto. Este «divertido campamento de instrucción» adopta un método sencillo pero que se basa en fundamentos serios. En esta primera sección encontrarás una explicación de todas las teorías que vertebran el adiestramiento y respaldan el curso de 21 días, así como un examen de los temas típicos asociados con la obediencia canina. Todos los

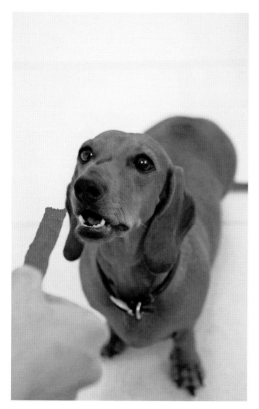
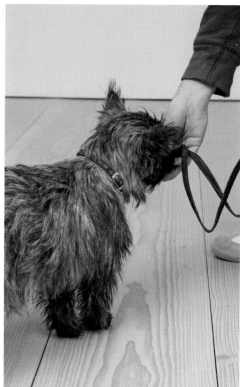

ejercicios necesitan practicarse con amor y paciencia: los perros voluntariosos son perros obedientes.

Nunca impongas un ritmo excesivo a tu perro, e interrumpe las sesiones de adiestramiento mucho antes de que se canse o se estrese. Durante el plan se te anima a realizar sesiones cortas (de cinco a diez minutos) y a que las destrezas nuevas se intercalen durante el día con el recordatorio de otras ya aprendidas. El desarrollo cronológico al comienzo de cada día del plan te muestra exactamente lo que tu perro y tú haréis ese día. Pero no tienes que hacer esto solo; implica a tu familia y a todo el que quiera estar en contacto con tu perro.

Destrezas básicas de adiestramiento

El Plan de 21 días se centra en los métodos positivos y basados en premios que usan los profesionales modernos. Hay evidencias claras de que estos métodos son los medios más bondadosos y que menos tensión generan para adiestrar a cualquier animal. No obstante, imponen límites, y tendrás el control sobre el perro cuando sea necesario. Así pues, ten confianza en que el plan le enseñará las destrezas de obediencia básicas de una forma amable y eficaz.

Secciones de libre elección

A partir del día 4 encontrarás secciones especiales llamadas «Libre elección». Son sugerencias para abordar las actividades cuando tú lo desees. Se intercalan a lo largo de los 21 días del plan para que el perro y tú tengáis la posibilidad de repasar destrezas que necesiten un poco más de práctica, o simplemente para disfrutar de una actividad sociable y relajante. En toda sesión de adiestramiento, el ritmo del progreso es una destreza importante. Aprovecha las sesiones de libre elección para garantizar el bienestar del perro, dándole mucho tiempo para recuperar energías y mantener el entusiasmo. Tal vez tú también descubras que das la bienvenida a un descanso o que ambos preferís hacer rodar la pelota por el suelo unas cuantas veces más.

Conviértete en un experto en tu perro

Una vez que hayas completado esta sección, estarás bien informado sobre tu perro y las cosas que motivan a los perros en general. Habrás ensayado las destrezas de adiestramiento que necesitas y estarás listo para iniciar el Plan de 21 días.

Nuevos comienzos

Antes de embarcarte en el Plan de 21 días necesitas tener en cuenta cuestiones que surgirán durante el adiestramiento de perros en distintas fases de su vida, sobre todo si han vivido otras experiencias en el pasado.

Antes de empezar asegúrate de que tu perro se someta a una revisión veterinaria exhaustiva, para contemplar cualquier problema físico previo.

Hábitos existentes

Lo primero que tienes que evaluar son los hábitos actuales de tu perro, ya que afectarán a su adiestramiento futuro. ¿Has dejado en el pasado que te saludara poniéndose a dos patas sobre ti? ¿Ha aprendido conductas indeseables en otras casas? Necesitarás adiestramiento adicional y paciencia para enseñarle nuevas conductas alternativas. Tú y él tendréis que ser pacientes: mientras aprende nuevos hábitos con el Plan de 21 días, la mejor forma de mantenerse dentro de los límites de una conducta aceptable es

anticipándose y previniendo no sólo sus errores, sino también los tuyos. Evita castigarlo cuando se produzcan errores inevitables, y procede con amabilidad.

Fases de la vida

Las fases de la vida y las experiencias pasadas tienen un impacto sobre la velocidad del aprendizaje y la retención de lo aprendido, así como sobre los niveles de energía. ¿Es tu perro un cachorro nuevo, un adolescente (de 6 meses a 18 meses aproximadamente) o un adulto? Si procede de una perrera, ¿es posible obtener más información sobre su pasado y orígenes?

Adiestrar a un cachorro

Si tienes un cachorro menor de 12 semanas, concentra los esfuerzos en socializarlo en profundidad (consulta la tabla de progreso de la socialización de las páginas 92-93). Empieza ahí y practica sus destrezas de socialización hasta al menos las 12 semanas de vida, momento en el cual podrás comenzar con el Plan de adiestramiento de 21 días , pensado para complementar este proceso cuando el cachorro tenga más de 12 semanas.

Los cachorros están llenos de entusiasmo, pero a veces su energía se canaliza erróneamente. Necesitarás adaptar el programa de 21 días e incorporar períodos de descanso durante el día, para que recupere energías físicas y mentales. Si comienza a desplegar conductas erróneas, como mordisquear objetos, cometer hurtos o correr por la casa alocadamente, es probable que esté muy cansado o se haya estimulado en exceso. Baja el ritmo del adiestramiento y aumenta el número y la frecuencia de los descansos.

Es probable que tu cachorro reciba las últimas vacunas mientras lees este libro, así que prosigue el Plan de 21 días en casa y en el jardín, pero sigue sacándolo por los alrededores para que continúe su socialización.

Ayudar a perros de refugios

Los perros procedentes de refugios y perreras sufren experiencias angustiosas antes de recolocarse en un nuevo hogar. Tu perro de refugio tal vez se haya adiestrado parcialmente o haya aprendido a no confiar en la gente o en otros perros. Toma nota de las conductas que despliegue y que no le hayas enseñado tú. Podrás avanzar apoyándote en lo que ya sabe o en el programa transformando esas conductas.

Concede a tu perro de refugio un tiempo para asentarse y empezar a conocerte antes de iniciar el Plan de 21 días. Luego enséñale como si fuera un cachorro. Bríndale las oportunidades de aprender que sus anteriores dueños no le concedieron, y busca conseguir un avance lento, constante y seguro. Céntrate en ganarte su confianza y prepárate para dejarle que se retire cuando lo necesite. Si está cansado o muestra signos de estrés, recuerda que siempre puedes volver a empezar el adiestramiento cualquier otro día.

Perros adultos

Si tu perro es adulto y ha vivido contigo desde cachorro, estará listo para este cursillo de 21 días; por tanto, a menos que creas que tiene necesidades concretas, no precisarás adaptar apenas el plan. Enumera los hábitos aprendidos que no te gusten. Sigue las instrucciones paso a paso, y consulta la sección de respuesta rápida si tienes necesidad, para ayudaros a establecer con rapidez patrones de conducta más deseables. Emplea el Plan de

21 días para iniciar un nuevo camino con que adquirir nuevas destrezas y asentarlas de manera duradera y con premios abundantes. Se establecen así unas pautas sencillas con las que estrechar los vínculos de confianza.

A perro viejo, trucos nuevos

Con tiempo suficiente, incluso los perros mayores aprenden nuevas destrezas. El adiestramiento es una forma tranquila de reintroducir costumbres familiares y recompensas en la vida de estos perros. Empieza el Plan de 21 días de manera más gradual, tal vez invirtiendo dos días para las tareas diarias al principio, hasta que calibres el ritmo preferido por tu perro. Practica más de lo normal en cada fase para ayudarlo a retener lo aprendido e introduce frecuentes descansos. El perro sentirá que se estrechan sus lazos contigo y tendrá un reconocimiento cuando gane los premios que le ofreces.

El adiestramiento paso a paso lo ayudará a fiarse de una rutina segura en un momento en que los aspectos físicos de su salud tal vez hayan ido declinando con la vejez. Ten presentes los problemas de salud que pueda tener, y pide al veterinario que busque signos de declive cognitivo antes de intentar enseñarle cosas nuevas. También ayuda a tratar con un perro mayor la sección «50 soluciones rápidas» (véanse las páginas 66-91).

Establecimiento de objetivos

Una vez que hayas realizado una evaluación básica del adiestramiento que necesita tu perro en relación con su edad, origen y temperamento, empezarás a tener una idea más clara de lo que podrás esperar de él durante el adiestramiento. Tus expectativas tienen que ser realistas; unas expectativas demasiado elevadas derivan en impaciencia y generan una presión excesiva en ambos. Esto es poco productivo porque reduce el disfrute y suprime el aprendizaje. Descansa un día si te parece que el ritmo del programa es demasiado rápido. Recuerda que esto es aplicable tanto para ti como para el perro: si ya no te diviertes, él lo notará, y el adiestramiento no será tan eficaz.

Siempre y cuando el adiestramiento se haga con regularidad y lo pases bien con el perro mientras lo adiestras, el vínculo entre los dos se reforzará y el adiestramiento se completará. Si realmente necesitas tomarte un día libre, reanuda sin más el plan cuando estés descansado y listo para ponerte en marcha.

Sigue el plan marcado

La mejor forma de medir el avance es marcarse objetivos, a lo cual te ayuda el Plan de 21 días. Cada día comienza con un croquis que te recuerda qué hacer y los minutos que debes destinar a hacerlo. Algunas tareas son nuevas, mientras que otras recapitulan las destrezas aprendidas con anterioridad, para reforzarlas en la memoria del perro. Sigue el orden y respeta el tiempo asignado a cada tarea. También puedes usar la lista de verificación presente al final del libro para evaluar hasta dónde has avanzado, lo cual es una forma estupenda de mantener la motivación.

Mientras vayáis avanzando y siguiendo el Plan de 21 días, el entorno para enseñarle tal vez no se ajuste a las distracciones del suyo diario, pero iréis evolucionando en este sentido. Por ejemplo, es posible que le estés enseñando sobre todo en casa, que quizá sea el hogar de otras personas y animales: tal vez haya muchas distracciones o muy pocas. No es algo de lo que debas preocuparte, porque las destrezas que le estarás enseñando se trasladarán a otros ámbitos, como los parques, cuando las necesites. Mientras tanto, enseñar al perro a volver a ti, por ejemplo, puede servir para que se baje del sofá, para que deje de perseguir gatos, o para impedir que salte sobre las visitas para saludar.

Aplicaciones prácticas

Mientras enseñas los ejercicios del Plan de 21 días, piensa en cómo podrías usar este adiestramiento en otras circunstancias. ¿En qué situaciones podría ser útil darle la orden de «ven»? ¿Qué otras aplicaciones podrías destinar a la orden de «trae»? Si es posible, intenta cambiar el entorno, creando situaciones reales −como el encuentro con desconocidos− en las que tu perro pueda practicar las destrezas. Recuerda que una situación nueva siempre resultará más difícil al principio, motivo suficiente para marcarte un objetivo menos ambicioso cada vez que cambie la situación.

Establecer hábitos para toda la vida

El adiestramiento debe proseguir al finalizar el Plan de 21 días para que todo ese trabajo arraigue con respuestas bien aprendidas. Así, una vez que haya concluido el plan, sigue destinando un poco de tiempo a diario para trabajar con tu perro, y continúa en el futuro. Incluso si ese tiempo se dedica a cobrar objetos que le lances o a cepillarlo, este contacto especial con tu perro es esencial para mantener los nuevos hábitos.

Una vez que el perro haya aprendido las destrezas básicas, será tarea tuya incorporar y usar esas destrezas en la rutina habitual. Usa las órdenes de «sienta» y «quieto» en sus comidas, y «adiós» cuando despida a la gente. Mantente concentrado, sobre todo durante los paseos, y no dejes que se deslicen hábitos erróneos como que tire de la correa. Si alguna vez tu perro y tú no trabajáis bien como equipo, para, evalúa la situación y vuelve al Plan de 21 días. Nunca tengas miedo de cambiar algo que estás haciendo para ayudar al perro a aprender, ni siquiera si eso significa volver durante un tiempo a una fase inicial o previa del adiestramiento.

Implicación de la familia

Tu perro forma parte de la familia, y todos sus miembros querrán ayudarlo a aprender. Además de proporcionar diversión, enseñarle nuevas destrezas es una forma estupenda de llegar a conocerlo mejor. Desde el punto de vista de la seguridad, las personas en contacto regular con tu perro también necesitan saber cómo controlarlo, con amabilidad y de forma que pueda entender. Sus formas y las tuyas deben ser coherentes, o el perro acabará confundido. Informa a los demás del adiestramiento del día usando el formato claro del Plan de 21 días.

¿Quién adiestra al perro?

Hay que decidir quién asumirá la responsabilidad general del adiestramiento. Los perros son animales versátiles y establecen relaciones con muchas personas con las que interactúan habitualmente, y el tipo de relación depende de lo que aprenden de esas interacciones. No te desanimes ni te sorprendas si tu perro responde mejor a unas personas que a otras. Explica a todo el mundo implicado que esto forma parte del proceso de aprendizaje mientras el perro discierne quién es el más fácil de entender, o ¡quién le da premios con más prodigalidad!

Hace algunos años, muchos creían que los perros eran animales de jauría que asumían un puesto en la jerarquía social, aceptando la posición de perro «alfa» o «jefe de la jauría», y algunos adiestradores creían que era importante que los dueños reafirmaran su puesto superior en la jerarquía. Sin embargo, los estudios han evidenciado que los perros no constituyen jaurías; ni tienen un sentido de la jerarquía en su entorno. También que aprenden para agradar a sus amos, por lo que el adiestramiento basado en premios, como el del Plan de 21 días, es la forma más eficaz. Una idea más tradicional que valdría la pena recordar es que tu papel es el de «tutor»: alguien que cuidará de él, le enseñará y asumirá la responsabilidad de sus actos en todo momento.

¿Caándo se pueden sumar los demás?

La mejor forma de aplicar el Plan de 21 días es adiestrar al perro en cada nueva destreza hasta que adquiera un nivel razonable antes de dejar a los demás que le enseñen bajo tu supervisión. Así la confusión del perro es mínima y se le trazan unos límites claros sobre tu posición y la de los demás dentro de la casa. Tú eres el «experto» adiestrador y no debes dejarte influir por los métodos de otros, que tal vez se basen en consejos de inexpertos, ni permitir que esos métodos interfieran en los vínculos que, si te ciñes a los dictados del Plan de 21 días, establecerás con el perro.

Cautela cuando haya niños por medio

Los niños necesitan instrucciones detalladas sobre cómo deben actuar con el perro. Si se les excluye del Plan de 21 días, tal vez quieran improvisar alguna sesión de adiestramiento por su cuenta cuando no estés para supervisarla. Hay ciertas cosas que debes tener presentes cuando los niños estén cerca del perro:
- Los perros mayores o que procedan de perreras tal vez no se avengan a ese contacto, así que mantén unos límites estrictos respecto a la conducta de los niños con el perro.
- Los niños no suelen discernir fácilmente las señales de fastidio en los perros (véase la página 70). Permanece especialmente atento cuando los niños ronden al perro y enséñales a permitir que éste se retire a su refugio cuando lo desee.

- Nunca dejes que los niños molesten al perro cuando esté descansando.
- Los niños bien educados también pueden recibir mordiscos cuando quieren mostrar su afecto dando al perro abrazos o caricias.
- Siempre y cuando exista una buena socialización, los niños y los perros establecen vínculos muy fuertes. Parte del adiestramiento está destinado a asegurar que el perro no tenga que enfrentarse a las voces agudas y chillonas de los niños ni a sus movimientos bulliciosos.

Tal vez quieras contar con la ayuda de los niños para planificar las sesiones, o dejarles que te ayuden reuniendo los artículos que necesites para el adiestramiento. No obstante, sólo debes permitir a un niño que se implique en el plan de adiestramiento cuando estés seguro de que tu perro está relajado en su presencia.

Aprovechar la ayuda de las visitas

Anima por todos los medios a las visitas para que te ayuden en las secciones de socialización del Plan de 21 días; también pueden ayudar, por ejemplo, al adiestramiento de perros excitables para que se sienten. Sin embargo, asegúrate de que siempre tengas el control de estas sesiones y muéstrales el plan, para que puedan seguir tu enfoque. Nunca dejes que nadie juegue con rudeza o utilice mucha fuerza al tocar al perro, ya que esto minará la confianza y el trato suave que tan pacientemente estás intentando inculcarle.

Hacerlo divertido

Aunque se trate de un programa de 21 días, este plan no se tiene que seguir como si fuera un curso intensivo de tres semanas. Puede prolongarse durante más tiempo e introducir parones entre los «días de adiestramiento» oficiales. Concede a tu perro y a ti el mismo tiempo para aprender, y los dos os divertiréis.

Aprender jugando

Las experiencias agradables son memorables; por tanto, al tiempo que sigues el calendario formal del plan de adiestramiento, haz que las sesiones resulten informales. Da por sentado que tu perro y tú siempre aprenderéis algo nuevo, incluso si no se trata de la tarea planeada. Tu perro está aprendiendo cómo interactúas con él, y tú aprendes cómo responde a tus métodos y evalúas sus necesidades mientras lo adiestras. Si estás relajado, él también lo estará, así que elige momentos en que ambos estéis tranquilos. Mantén un tono de voz suave y alegre.

Sesiones cortas mantienen la motivación

En todos y cada uno de los días del Plan de 21 días, las sesiones se limitan a tandas cortas de cinco o diez minutos. De este modo se garantiza que los niveles de energía y motivación se mantengan altos durante el adiestramiento. Por tanto, aunque la sesión vaya bien, para cuando se acabe el tiempo.

Hay unos cuantos aspectos clave para recordar:
● Consigue que el perro siempre quiera más, para que comience con entusiasmo las siguientes sesiones de adiestramiento.
● Los perros sensibles y mayores mostrarán un renovado interés si comienzas con sesiones fáciles y cortas, con la posibilidad de aumentar la intensidad a medida que pase el tiempo.
● Los perros excitables necesitan un foco de atención, así que baja el tono de voz y mantén un ritmo estable para ayudar a su concentración.

● Los cachorros parecen llenos de energía, pero esa energía se manifiesta a ráfagas y durante breves períodos. Necesitarán períodos de descanso regulares, así que garantiza que los haya en las sesiones de adiestramiento. Una conducta de mordisqueo suele ser un signo de agotamiento y excesiva estimulación.

Poca presión, poco riesgo

Tu perro está aprendiendo un nuevo lenguaje de adiestramiento, concebido para prevenir problemas en casa y cuando pasee por áreas urbanas o parques. Enseñarle destrezas antes de que las necesite es mejor que esperar a que surjan problemas para luego intentar resolverlos. Es importante que el perro adquiera nuevas destrezas cuando ambos estéis relajados; así se garantiza que su nuevo aprendizaje no se irá a pique por errores frustrantes y tu adiestramiento no se enturbiará por la tensión.

Durante el adiestramiento evita las confusiones y mantén el buen humor si las cosas se tuercen. No podrás controlar todos los elementos del entorno mientras entrenes, y a veces necesitarás enfrentarte a acontecimientos inesperados. Si estás adiestrando al perro en un parque, siempre existe la posibilidad de que haya distracciones importantes –tanto humanas como caninas– que dificulten su concentración. Si has hecho varios intentos de enseñarle algo y tu perro no entiende lo que esperas de él, haz un descanso y revisa el método de adiestramiento y tu estado de ánimo. Es probable que tu capacidad para dirigirlo esté disminuyendo; si estás distraído o cansado, tal vez seas incapaz de comunicarte eficazmente con él.

Si has cometido errores en la práctica, al ser un método de aprendizaje con poca presión, los daños serán limitados. Por suerte, ¡los perros son muy comprensivos! Simplemente reinicia el adiestramiento que acabas de terminar también al día siguiente, y marca el día perdido en tu contra.

Acabar con buena nota

Tu perro y tú necesitáis tiempo para repasar los trucos de cada día. El «aprendizaje latente» es el que se produce cuando el cerebro revisa la información mientras estás ocupado haciendo tus labores diarias. Asegúrate de terminar todas las sesiones con un resultado positivo, y resiste la tentación de hacer un último intento aquí y ahora. Cuando vuelvas al adiestramiento descubrirás que un pequeño recordatorio te revela que tu perro ha aprendido realmente mucho en esa sesión corta; aunque tú creas que la sesión no haya ido especialmente bien.

Recompensas y señales

El Plan de 21 días recurre al adiestramiento basado en premios, por lo que entender cómo funcionan los premios es esencial para adiestrar al perro con eficacia. Necesitarás identificar lo que le gusta –lo que él considera «premios»– antes de empezar.

Encontrar recompensas acordes a tu perro

El plan de adiestramiento recurre a comida, juguetes, mimos y caricias como premios. Descubre las recompensas que más le gustan, pero ten cuidado de no aumentar su ingesta general de comida recurriendo demasiado a comida deliciosa. Fíjate en los puntos siguientes sobre los distintos tipos de premios.

● Los premios en forma de alimentos: deben ser fáciles de sostener en la mano, como trozos pequeños de comida. Elige alimentos blandos, muy olorosos, como queso, jamón, pollo, hígado o salchicha. Comprueba que ninguno de ellos trastorne su dieta, y usa su comida favorita siempre que sea posible.

● Los juguetes: deben caber en un bolsillo para poder sacarlos sin complicación durante los paseos, y al perro le debe resultar fácil cogerlos con la boca. Juguetes de tela que puedas agitar en el aire (como si estuvieran «vivos») son lo mejor para perros con escasa motivación, porque el movimiento de agitación los vuelve irresistibles.

● Mimar al perro como premio resulta útil, pero asegúrate de que le gusta. Algunos perros toleran las caricias pero tienden a alejarse enseguida más que a volver a por más.

Recompensas «en la vida diaria»

Los perros valoran la libertad para hacer ciertas cosas y explorar su entorno, lo cual incluye:

● Olisquear.
● Irse de correría.
● Novedades (nuevas personas, perros o lugares).
● Establecer contacto visual.
● Jugar con otros perros.
● Moverse con excitación.

● Ruidos agudos, como cuando se eleva la voz o se emiten chillidos.

Es buena idea adoptar estas preferencias más sutiles como recompensa y no recurrir siempre a premios y juguetes a medida que el adiestramiento avance. Por ejemplo, empieza a enseñar a tu perro que su premio por sentarse y mirarte en calma es jugar con otros perros. Pronto estará feliz de prestarte toda su atención durante cortos períodos.

Haz que las recompensas sean valiosas

Los perros mayores o procedentes de perreras tal vez no respondan con entusiasmo a las recompensas. Si se da ese caso, quizá sea porque los premios se han usado de manera incorrecta en el pasado, y ya no considera que sean valiosos. Sin embargo, es posible aumentar el valor de los premios, en especial la comida. Sobre la base de que todos los perros necesitan comer, un perro hambriento estará más motivado para trabajar por comida, por lo que adjudicará un valor mayor a los premios que consistan en comida. A menudo comen lo mismo todos los días, lo cual disminuye su valor; así que asegúrate de que «su comida para el adiestramiento» sea especial y pocas veces esté a su alcance. Recuerda también que un alimento fresco y oloroso –como pedacitos de queso o carne– estimulará su olfato y lo

animará a buscar el mejor modo de obtenerlo. Para que los juguetes resulten más valiosos para tu perro, elige un juguete blandito y que chille al morderlo y se contonee al moverse. Manténlo fuera de su alcance y úsalo sólo para el adiestramiento. Elige momentos en que esté muy activo y excitado para el adiestramiento con juguetes, como cuando acabes de llegar a casa. Esto garantizará que te preste toda su atención, se implique y esté dispuesto a divertirse.

Restringir los premios frecuentes

Una vez que tu perro se muestre competente con una destreza, podrás darle premios menos emocionantes. Se reduce su valor con comida menos sabrosa de lo normal o con un juguete de goma silencioso en lugar de otro que chille y ruede o se mueva. Reduce el valor del juguete sólo cuando estés seguro de que disfruta de la actividad que realiza o la hace por costumbre. Ofrécele siempre algún premio que lo motive: si te dejaran de pagar tu sueldo, ¡también dejarías de trabajar!

Recompénsate también

El Plan de 21 días es un trabajo de equipo, así que concédete algún extra por completar las tareas del día, aunque sólo sea felicitarte por haber dado un nuevo paso en el camino para conseguir una mascota familiar más feliz. ¡También necesitas estar motivado!

Destrezas del adiestrador

Antes de iniciar el Plan de 21 días tendrás que familiarizarte con el proceso para así actuar como un adiestrador eficaz. Esta sección te ayuda a asimilar y practicar aspectos importantes sobre el adiestramiento y las destrezas que debes adquirir antes de empezar.

La mecánica del adiestramiento

Tu perro tendrá que centrarse en el modo de ganar las recompensas que le ofreces (véase la sección «Recompensas» en las páginas 18-19 para saber cuáles son las adecuadas). Familiarízate con los siguientes aspectos del adiestramiento:

Señuelos

Un señuelo sirve para que tu perro asuma una posición o despliegue una conducta. Los señuelos suelen ser juguetes y se llevan en una mano para que el perro pueda seguir su olor. Mientras el perro sigue el movimiento de tu mano, también aprende la señal manual que más adelante usarás para pedirle que practique una destreza concreta. Los señuelos se usan con frecuencia en el Plan de 21 días para adiestrarlo durante los estadios iniciales de cualquier destreza nueva, si bien, una vez que aprende la señal manual, el señuelo deja de ser necesario. No abuses de los señuelos; deja de usarlos lo antes posible.

Desarrollo de conductas complejas

Cada destreza nueva se tiene que enseñar por fases. Cuando tu perro y tú practiquéis (repitáis) una destreza, necesitarás moldear la conducta del perro para que se ajuste cada vez más al resultado final deseado. Perfeccionar una destreza lleva tiempo y práctica. El Plan de 21 días respalda este método al indicarte qué destrezas hay que repetir como refuerzo y cuándo, ya que de este modo se perfeccionan.

Órdenes

Las órdenes corporales y verbales se tienen que convertir en claves para que el perro despliegue las conductas correspondientes. Cuando le enseñas la orden de «sienta», por ejemplo, aprende la palabra que usas y el movimiento corporal que significa 'adopta la posición sentado'; funcionan como una orden.

Rubricar conductas correctas

Haz saber siempre a tu perro cuándo ha asumido la posición correcta o está realizando algo tal y como se lo has pedido.

● Rubrica la conducta deseada usando una expresión elogiosa como «buen perro» o «¡sí!», o usa un clicker para marcar la conducta con su sonido.

● A esa rúbrica debe seguirle una recompensa valiosa, para que recuerde que eso es lo que necesita hacer la próxima vez para ganarse la recompensa.

● Los perros viejos o sordos tal vez respondan mejor a una señal manual clara con el pulgar en alto.

● A toda señal usada como rúbrica –sea un click, un elogio o un pulgar hacia arriba– le seguirá una recompensa.

● En el Plan de 21 días los elogios se usan como marcador de la conducta y como recompensa verbal.

El momento adecuado

El momento en que se utilizan los señuelos, las órdenes, las rúbricas y las recompensas debe ser completamente adecuado y exacto para que el perro aprenda con eficacia. Si se dan u otorgan demasiado pronto o demasiado tarde, dejarán de tener significado para tu perro.

¡Practica primero con personas!

Antes de empezar el Plan de 21 días con tu perro, adquiere cierto hábito con las destrezas de adiestrador reclutando a miembros de tu familia como aprendices.

● Practica el uso de señuelos para que adopten la posición requerida (permaneciendo sobre una pierna o moviendo la mano), marca la conducta correcta y recompénsales.

● Haz todo esto sin explicaciones verbales de lo que quieres que hagan, ya que tampoco te podrás comunicar verbalmente con tu perro.

● Haz que la palabra usada como orden no la asocien directamente con esa acción, como, por ejemplo, la palabra «rojo».

Si consigues enseñarles con éxito, podrás empezar a adiestrar a tu perro con el Plan de 21 días.

Segunda parte:

Plan de adiestramiento de 21 días

Guía detallada para completar el adiestramiento de tu perro

Antes de empezar

Llegados a este punto, debes haber concluido la evaluación del perro y tener claro tu papel de adiestrador. Hay pocas cosas necesarias para iniciar el plan. Lo primero es proveerse de una bolsa o caja de adiestramiento que contenga todo lo necesario durante las clases; a saber:

- Bloc de notas y bolígrafo.
- Un collar plano. Si el perro ya tiene collar, comprueba que se ciña correctamente al cuello. Se debe ceñir de modo que sea posible deslizar dos dedos entre el cuello y el collar (un dedo si se trata de un cachorro o de una raza enana).
- Una correa de aproximadamente 1,2 m, con una clavija de enganche en el extremo para el collar. Elige una correa cómoda de llevar en la mano. Las correas de adiestramiento de piel son las preferidas para los perros mayores. Comprueba que la correa no sea muy pesada.
- Una correa larga (de unos 10 m de longitud) con un mosquetón en su extremo. Las mejores correas largas son las de polipropileno trenzado, ya que no aumentan mucho de peso cuando se mojan, y es un material ligero y cómodo de asir con la mano.
- Una correa ligera para estar en casa (opcional); debe tener medio metro de largo y ser de polipropileno o nailon.
- Un clicker (opcional).
- Juguetes. Haz una selección de juguetes tipo trapo para halar y agarrar; juguetes huecos para mordisquear (hechos de goma) y en los que puedas meter comida; pelotas con cuerda, y, tal vez, uno o dos juguetes que chillen.
- Premios o golosinas. Trocea los premios en pedazos más pequeños, del tamaño de la uña de tu meñique. Utiliza pollo, jamón, queso u otro alimento oloroso que sea adecuado para tu perro.

También puedes buscar en Internet una receta para galletas de hígado u otros premios saludables con el fin de elaborarlos en casa y usarlos como golosinas, en vez de recurrir a premios comprados. Mezcla estos premios sabrosos en una bolsa o bote con la tapa de plástico, así como un puñado de croquetas para perros; de este modo se reduce el riesgo de sobrealimentarlo con alimentos ricos e hipocalóricos. Mide a diario y por adelantado la ración de premios para que su peso se mantenga estable. Comprueba también que tu familia no empiece a darle premios no implicados en el proceso de adiestramiento cuando goza de su compañía.

Planificar los días

Descubrirás que algunas sesiones diarias requieren la ayuda de otras personas o perros, o bien una excursión. Examina con antelación el programa para ver si necesitas reclutar ayuda adicional. Si esto resulta difícil en un día específico, puedes intercambiar un poco los días, pero es mejor tratar de ceñirse a la progresión planificada. Tal vez resulte un poco engorroso algunos días, pero los beneficios serán considerables si mantienes el plan siempre que puedas.

Qué hacer si te saltas un día

Se recomienda mantener el ritmo planificado (véanse las páginas 12-13), aunque si te saltas un día, prosigue donde lo dejaste. Tal vez necesites repetir el adiestramiento de los días previos si el parón dura más de un día para recordar al perro las destrezas que aprendió. Algunos perros retienen mejor la información que otros, por lo que, si se muestra dubitativo, retrocede a una fase más fácil hasta que adquiera confianza.

¡Lo más importante es ser constante y divertirse!

Día 1

| 5 min | 5 min | DESCANSO | 5 min | 10 min | DESCANSO | 10 min | 10 min | DESCANSO y JUEGO |

Atender a su nombre · Llevar puesto el collar y la correa · Atender a su nombre · Llevar puesto el collar y la correa · SOCIALIZACIÓN I / Nuevas personas · Nuevos sonidos

Atender a su nombre

El nombre de tu perro es un medio único para atraer su atención. Si cambias el nombre a un perro mayor, refuérzalo con alguna asociación nueva, fresca y alegre. Nunca «desgastes» el nombre de tu perro llamándolo repetidamente y dejando que no haga caso. Necesita saber que oír su nombre ¡antecede a que ocurra algo divertido!

1 Siéntate a una distancia corta del perro con un premio o juguete que no pueda ver. Luego muéstraselo y empieza a acercárselo. Cuando te mire, di su nombre y de inmediato dale el premio o el juguete.

2 Esconde de nuevo el premio o el juguete y espera a que vuelva a distraerse. Ofréceselo y, cuando te preste atención, di su nombre y, de nuevo, recompénsalo con un premio o con el juguete. Luego juega con él. Repítelo cinco veces.

3 Espera a que el perro vuelva a distraerse y esta vez di primero su nombre. Se volverá a ti anticipándose a la acción. Ofrécele el premio de inmediato y luego juega con él. Repite el ejercicio tres veces.

Llevar puesto el collar y la correa

Los perros no nacen con collar ni correa, y a los cachorros la sensación de llevarlos les resulta abrumadora. Si se trata de un perro mayor, puede haber establecido una asociación desagradable con ellos, o tal vez se descontrole por la emoción y la anticipación. Este ejercicio favorece que despliegue una conducta tranquila.

1 Ponle el collar mientras el perro come un premio sabroso. Dale varias golosinas y quítale el collar. Repite la acción tres veces. A continuación, con el collar puesto, sostén con suavidad el collar en una mano y ofrécele un premio con la otra. Suelta el collar cuando se acabe la golosina. Repite la acción tres veces.

2 Siéntate cerca de él (con el collar puesto) y ofrécele algo de comer. Déjale aproximarse. Mientras toma la comida y se la come, ponle la correa. Evita moverte hacia él. Si se altera por la emoción, da un paso atrás y espera hasta que se apacigüe. Deja la correa en el suelo para ayudarle a calmarse. Repítelo cuatro veces.

3 Prende la correa al collar y deja que se mueva con ella. Juega con él y realiza otras actividades supervisadas para distraerlo. De vez en cuando, ofrécele un premio y usa la correa para atraerlo hacia ti. Repite unas cuantas veces, y después quítale la correa y guárdala.

Socialización 1

Es necesario que tu perro tenga un primer contacto divertido con los sonidos e imágenes del día a día, de modo que se mantenga relajado en su presencia y no pierda la confianza mientras se vuelven algo cotidiano. Los perros ganan confianza con ejercicios de socialización como los de abajo.

Nuevas personas, nuevos sonidos

Pide a miembros de la familia que dediquen tiempo a jugar tranquilamente con el perro (si son niños, con supervisión continua). Muéstrales el modo de enseñarle su nombre y deja que practiquen el ejercicio de poner el collar y la correa. También tendrás que acostumbrarlo a sonidos nuevos; los perros tienen un oído muy sensible y los electrodomésticos de casa pueden resultarles ensordecedores. Acostúmbralo gradualmente jugando con él en una habitación contigua mientras alguien los usa. Así el perro aprenderá que los ruidos pueden ser fuertes pero no suponen una amenaza.

Día 2

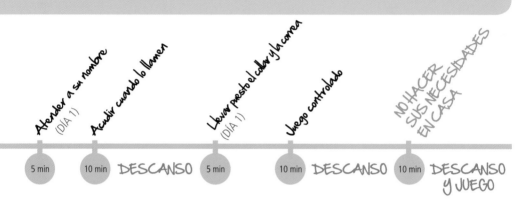

Atender a su nombre
(DÍA 1)

Acudir cuando lo llamen

Llevar puesto el collar y la correa
(DÍA 1)

Juego controlado

NO HACER
SUS NECESIDADES
EN CASA

| 5 min | 10 min | DESCANSO | 5 min | 10 min | DESCANSO | 10 min | DESCANSO y JUEGO |

Acudir cuando lo llamen

Que aprenda a responder a la orden «ven» permite al perro tener más
independencia, al tiempo que te confiere más control sobre su comportamiento.

1 Muestra a tu perro que tienes en la mano un premio sabroso y rápidamente aléjate de él unos 2 metros. Haz un gesto invitador con el cuerpo abriendo los brazos completamente. Ponte en cuclillas si es posible.

2 Al tiempo que se aproxima, di «¡ven!» con un tono de voz agudo y emocionado. Mantén el premio delante de ti para que el perro se acerque a tu mano.

3 Tienta al perro para que se acerque usando la mano con el premio, para que no tengas que extender el brazo. Elógialo y dale el premio una vez que lo hayas sujetado. Para ganar el premio debe aprender a acercarse y a que lo retengas por el collar. Repite el ejercicio diez veces.

Juego controlado

Los juegos enseñan a los perros a interactuar físicamente. Enseña al perro a jugar con cuidado, de modo que aprenda que jugar consiste en divertirse y controlarse.

1 Elige un juguete que sea fácil de tener en la mano aunque el perro lo esté mordiendo. Si al perro le gustan los juegos de halar y agarrar con la boca, opta por un juguete resistente para que los dientes no se le queden enganchados.

2 Mantén el juguete cerca del suelo y de tus pies, para disuadir al perro de saltar y arrebatártelo. Agita el juguete mientras retrocedes alejándote del perro para estimularlo a que te siga.

3 Deja que persiga el juguete y luego para de moverlo, para que no sea interesante. Si lo suelta, elógialo. Ten premios listos para intercambiarlos por el juego si fuera necesario. Repítelo cinco veces, luego guarda el juguete.

No hacer sus necesidades en casa

Tendrás que recordar a tu perro cuál es el camino al área de la casa para aliviarse. Así se consolida su aprendizaje inicial y uno se asegura de que el cachorro novato o el perro de la perrera adopten buenos hábitos.

Decide la parte del jardín que empleará el perro para aliviarse y la puerta de salida que usará. Pon premios en un bote con tapa y cuélgalo o deposítalo en una repisa alta cerca de la puerta elegida, para que pueda ver el bote pero no alcanzarlo. Cuando sepas que está a punto de aliviarse (después de comer, beber, jugar, despertarse o someterse a adiestramiento), anímale a seguirte por el camino que conduce al área escogida. Ponle la correa para que en caso de que se aleje demasiado puedas tenerlo cerca de ti hasta llegar al lugar elegido. En cuanto haga sus necesidades, di «¡rápido!», luego elógialo y dale un premio del bote. Pronto aprenderá a seguir ese camino cuando tenga que aliviarse.

Día 3

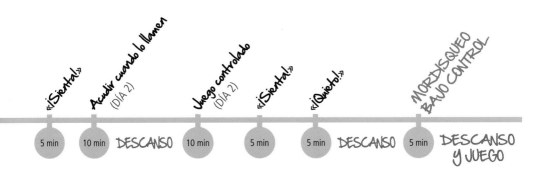

| 5 min | 10 min | DESCANSO | 10 min | 5 min | 5 min | DESCANSO | 5 min | DESCANSO Y JUEGO |

«¡Sienta!» · Acudir cuando lo llamen (DÍA 2) · Juego controlado (DÍA 2) · «¡Sienta!» · «¡Quieto!» · MORDISQUEO BAJO CONTROL

«¡Sienta!»

Que aprenda a responder correctamente a la orden de «¡sienta!» es un pequeño logro, pero fundamental para el buen comportamiento del perro.

1 Sostén un premio cerca de su hocico y deja que lo olisquee. Debes conseguir que siga tu mano usando este señuelo. Manteniendo la mano con el premio cerca de su hocico, muévela lentamente hasta situarla encima de su cabeza para que levante la vista.

2 Sigue elevando la mano hasta que comience a sentarse al intentar alcanzar la comida. Cuando se siente, di «¡sienta!», elógialo y dale el premio. Repite los pasos 1 y 2 cuatro veces.

3 Di «¡sienta!» justo antes de que se siente (repite cinco veces). Por último, repítelo con la mano vacía y las mismas señal y orden verbal. Recompénsalo. Repite el tercer paso pero de pie.

Plan de adiestramiento de 21 días

«¡Quieto!»

La orden de «¡sienta!» sólo es útil si persuades al perro para que se siente. Esta orden permitirá que esté parado y seguro.

1 Dale la orden de «¡sienta» y mantén su atención sobre la mano alzada. Cuenta hasta dos y recompensa su paciencia. Luego da al perro la orden de liberación: «¡a jugar!».

2 Repite el ejercicio pero retrocede un paso alejándote del perro sin que quite ojo a tu mano; recompénsalo y dale la orden de liberación.

3 Pídele que se siente, luego aléjate tres pasos antes de volver al inicio. Ve aumentando el tiempo alejado de él. En ocasiones, vuelve a una orden sencilla, como estar sentado un segundo, para mantener su entusiasmo.

Mordisqueo bajo control

Los cachorros mordisquean para explorar y jugar, y también cuando están cambiando los dientes; para los perros mayores mordisquear es una actividad relajante y placentera. No obstante, necesitarás encaminar ese mordisqueo hacia objetos apropiados, como juguetes de goma huecos, para lo cual los rellenarás con pasta de queso o carne. No dejes que destruya objetos, porque incluso los juguetes caninos contienen emisores de ruidos y rellenos que tal vez sean dañinos si se ingieren. Impide el acceso a posesiones valiosas: tu perro no diferencia las cosas de valor de las que no lo tienen. Si mordisquea algo que no quieres que toque, reconduce en calma su atención hacia una opción más sabrosa. Opta siempre por el trueque. Si roba objetos para morder, o te atrapa con la boca la ropa o las manos, ponle la correa para controlarlo. Esto impedirá que inicie juegos de persecución. A los cachorros cansados les gusta mordisquear cosas, así que ofrécele la oportunidad de descansar en su yacija con un juguete para morder con el que se mantenga ocupado.

Día 4

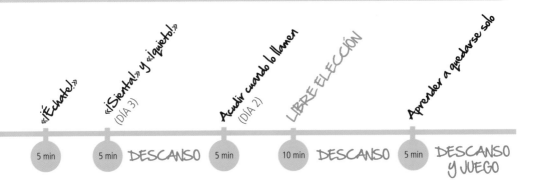

«¡Échate!»

«¡Siéntate!» y «¡quieto!»
(DÍA 3)

Acudir cuando lo llamen
(DÍA 2)

LIBRE ELECCIÓN

Aprender a quedarse solo

5 min · 5 min · DESCANSO · 5 min · 10 min · DESCANSO · 5 min · DESCANSO y JUEGO

«¡Échate!»

Como la orden de «¡sienta!», la orden de «¡échate!» es una destreza fundamental. Establece las bases para muchas otras órdenes, y será inapreciable cuando necesites que tu perro te espere en silencio mientras, por ejemplo, visitas una tienda.

1 Siéntate o arrodíllate cerca del perro. Sostén un premio en una mano y deja que olisquee el señuelo. Tal vez prefieras empezar con el perro en la posición de «¡sienta!», porque así las patas traseras ya estarán correctamente situadas para la orden de «¡échate!».

2 Baja la mano lentamente hacia el espacio entre las patas delanteras del perro, que comenzará a agacharse y a aproximarse al suelo. Baja la mano despacio entre sus patas y hacia el cuerpo.

3 Una vez que su pecho toque el suelo, di «¡échate!», elógialo y dale el premio. Repite el ejercicio cuatro veces, aumentando el ritmo hasta que el descenso de la mano se convierta en una señal para la orden «¡échate!». Repite el ejercicio sin premio alguno en la mano.

Libre elección

De vez en cuando tendrás que realizar una sesión de adiestramiento que tenga en cuenta las necesidades concretas de tu perro. Por ejemplo, tal vez necesite practicar más una tarea que le ha resultado más difícil o que tú creas que todavía no domina del todo. Por otra parte, un perro joven o mayor tal vez requiera un descanso, en cuyo caso podrás dedicar esa sesión a interactuar en calma con tu perro. Asegúrate de tener planeado algo, aunque sea tomar notas sobre los niveles de adiestramiento conseguidos hasta el momento.

Revisión del ritmo de aprendizaje

¿El Plan de 21 días transcurre al ritmo que pensabas, o te has marcado unas expectativas demasiado altas? Si crees que el ritmo es demasiado lento, ofrece al perro sesiones prácticas adicionales, pero no te adelantes a los pasos metódicos del plan, pues corres el riesgo de apagar el entusiasmo que hay que mantener para el éxito a largo plazo.

Aprender a quedarse solo

Tu perro debe aprender que quedarse solo durante breves períodos puede ser divertido en un lugar seguro. No es esencial contar con una jaula, pero previene que dañe la casa y ayuda a que aprenda la contención de esfínteres y a reducir las actividades en las que busca llamar la atención. A algunos perros les cuesta más conseguir ese ajuste, así que no te preocupes si se muestra reacio.

1 Prepara un cubil atractivo, como una jaula o un rincón tranquilo. Deposita dentro una yacija cómoda y un cuenco antivuelcos con agua.

2 Deja un juguete para morder en el cubil. Si se muestra reacio a entrar, deja dentro premios adicionales. Di «cubil» cuando entre y elógialo. Deja que disponga de su tiempo allí dentro con libertad. Repite cinco veces.

3 Mientras el perro está ocupado en su cubil, aléjate unos pasos y luego vuelve. Repite la acción varias veces y luego llama al perro, que estará todavía en su refugio. Practica este ejercicio varias veces cada día.

Día 5

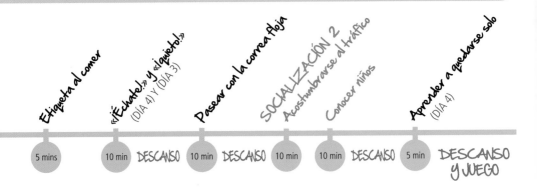

Etiqueta al comer	«¡Échate!» y «¡quieto!» (DÍA 4) Y (DÍA 3)	Pasear con la correa floja	SOCIALIZACIÓN 2 Acostumbrarse al tráfico	Conocer niños		Aprender a quedarse solo (DÍA 4)	
5 mins	10 min DESCANSO	10 min DESCANSO	10 min	10 min DESCANSO		5 min	DESCANSO y JUEGO

Etiqueta al comer

Tu perro debe aprender que, aunque haya comida en tu mano, lo que tienes no es para él a menos que le invites.

1 Con el perro sentado, muéstrale varios premios en la mano. Mantén la mano abierta al principio. Debes estar en silencio y relajado, y no establezcas contacto visual directo con él.

2 Cuando el perro olisquee tu mano, ciérrala para que no tenga acceso a la comida. Mantén la mano quieta y sigue en calma y en silencio. Si empieza a mordisquear la mano, inicia el ejercicio con un guante.

3 Cuando el perro desista y se retraiga, abre la mano inmediatamente y ofrécele el premio. Al aproximarse a la mano una vez más, vuelve a cerrarla de inmediato. Repite el ejercicio hasta que se sienta tranquilo, ignore la mano que porta la comida y, en lugar de eso, espere su premio.

Socialización 2

Acostumbrarse al tráfico

Es importante que el perro se mantenga en calma cuando haya tráfico a su alrededor, por lo que habrá que familiarizarlo poco a poco con sus ruidos y olores y con los vehículos en movimiento. Pasea unos minutos por una calle con tráfico moderado, acariciándolo cada pocos pasos y ofreciéndole comida gustosa cada vez que pase un coche. Si se niega a comer, aléjate un poco hasta que se calme y vuelve a aproximarte gradualmente. Una vez que se sienta seguro, añade algo de adiestramiento con la orden de «¡sienta!».

Conocer niños

Invita a amigos con hijos a pasear contigo y con el perro. Pídeles que se vayan escalonando por el camino para que el perro «se encuentre» con ellos. Deja que los olisquee si quiere, pero pide a los niños que no se aproximen al principio. Ofrécele premios para aumentar el disfrute del momento.

Pasear con la correa floja

Los perros tienen que aprender que tensando la correa no conseguirán ir a donde quieren. Recuerda: ¡Se necesitan dos para tirar de la correa!

Desanimarlo de que dé tirones

Quédate quieto teniendo al perro sujeto con la correa. Cuando empiece a andar, antes de que tense la correa, da un paso o dos atrás y suavemente condúcelo de vuelta a tu lado. En cuanto espere en calma (tal vez necesites varios intentos, pero ten paciencia), camina con él en la dirección en la que quería explorar. Así obtendrá su premio sin tirar de la correa.

Enseñarle a seguirte

En espacios cerrados, aléjate corriendo de tu perro sin correa y anímalo a que te siga. Cuando te alcance, cambia de dirección. Sigue cambiando de dirección para mantener su atención. Aminora la marcha si se excita demasiado. Pronto se acompasará perfectamente a tu ritmo sin adelantarse.

Día 6

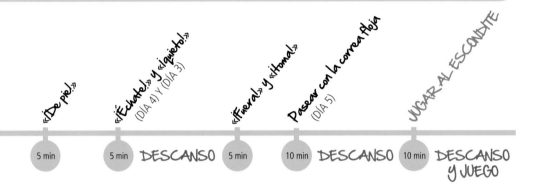

«¡De pie!»

«¡Échate!» y «¡quieto!» (DÍA 4) Y (DÍA 3)

«¡fuera!» y «¡toma!»

Pasear con la correa floja (DÍA 5)

JUGAR AL ESCONDITE

5 min   5 min   DESCANSO   5 min   10 min   DESCANSO   10 min   DESCANSO Y JUEGO

«¡De pie!»

Enseñarle una orden fiable como «¡de pie!» te permite a ti y a otras personas examinar al perro y asearlo en calma.

1 Comienza con el perro sentado o tumbado. Mantén un premio junto a su hocico y luego acércalo hacia ti alejándolo de él mediante un movimiento lateral de la mano, al mismo tiempo que la elevas un poco para que adopte la posición «de pie».

2 Vuelve a aproximar un poco la mano hacia su hocico para impedir que dé ningún paso adelante. Mantén la mano en esa posición y di «¡de pie!»; a continuación, elógialo y dale el premio. Repite el ejercicio cinco veces.

3 Mantén la mano en la misma posición, pero empieza alejándola un poco de él; el perro debe mantenerse de pie pero sin seguirte. El movimiento lateral de la mano se convierte en la señal para la orden «de pie».

«¡Fuera!» y «¡toma!»

«¡Fuera!» se usa para evitar que los perros salten sobre la gente al saludarla, o para que no se abalancen sobre nada ni roben objetos. «¡Toma!» es la señal que el perro recibe para que sepa que puede aceptar el premio.

1 Ofrece al perro un premio sabroso. Si el adiestramiento con las normas de etiqueta ha tenido éxito, debería olisquear y luego sentarse. En el momento que haga eso, di «fuera» y elógialo.

2 Dale el premio y di «¡toma!». No le dejes avanzar para tomarlo: eres tú quien debe dárselo. Gradualmente, debe aguardar a mayor distancia de ti hasta que digas «fuera», dando la orden antes de que olisquee el premio. Recompénsalo sólo cuando se mantenga atrás.

3 Avanza siempre hacia el perro para recompensarlo después de dar la orden de «¡fuera!». Aprenderá a esperar a cierta distancia hasta que llegue el premio al oír la señal de «¡toma!», en vez de lanzarse y saltar para apresarlo. Repite este ejercicio con una visita que tu perro conozca.

Jugar al escondite

Este juego permite establecer un vínculo duradero cuando llames al perro mientras aprende a buscarte. Con el perro todavía en la habitación, aléjate impulsivamente y escóndete detrás de un mueble. Haz que le resulte fácil localizarte. Llámalo con voz contenta y elógialo si te encuentra. A continuación, escóndete en un lugar donde sea un poco más difícil encontrarte, pero sigue elogiando sus éxitos. Si duda si seguirte, muéstrale que llevas un premio o un juguete antes de esconderte. Repite unas cuantas veces y luego pide a alguien que lo retenga por el collar, o practica la orden de «¡quieto!» mientras te escondes más lejos.

Jugar al aire libre

Llévate a alguien en tus paseos para que sostenga la correa mientras juegas al escondite con el perro, por ejemplo, detrás de los árboles de un parque. Como alternativa, usa una correa larga para que tenga más libertad para perseguirte, olisquear y buscarte.

Día 7

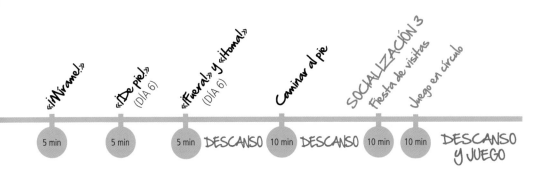

«¡Mírame!» | «¡De pie!» (DÍA 6) | «¡Fuera!» y «¡Toma!» (DÍA 6) | Caminar al pie | SOCIALIZACIÓN 3 Fiesta de visitas | Juego en círculo

5 min | 5 min | 5 min | DESCANSO | 10 min | DESCANSO | 10 min | 10 min | DESCANSO Y JUEGO

«¡Mírame!»

Esta orden significa que puedes distraer la atención de tu perro de otra circunstancia o persona con capacidad de llamar su atención para que se centre en ti. Es una orden esencial que tiene que aprender, porque, a menos que captes su atención, no serás capaz de pedirle que haga otras cosas.

1 Ponte en cuclillas cerca del perro y llámalo suavemente por su nombre. Cuando se vuelva hacia ti, pronuncia de nuevo su nombre y eleva la mano hasta el nivel de sus ojos. El objetivo es que levante la cabeza y siga el movimiento de la mano sin saltar hacia ella.

2 Mientras sigue el movimiento de tu mano y establece contacto visual contigo, di «¡mírame!». Elógialo y prémiale. Repítelo tres veces hasta que establezca con seguridad el contacto ocular varios segundos. Interrumpe el ejercicio cada vez dándole la orden de «¡ve a jugar!».

3 Repite los pasos 1 y 2 con el perro a tu lado y no delante, de modo que gire la cabeza hacia ti al darle la orden «¡mírame!». Practica el ejercicio por ambos lados de tu cuerpo para que el perro sepa que el objetivo es que gire la cabeza y establezca contacto ocular contigo.

Caminar al pie

Adiestra al perro para que permanezca cerca de ti cuando al pasear haya distracciones o caminéis por vías estrechas. Caminar al pie se debe considerar una posición estática «en movimiento».

1 Sitúa al perro junto a ti con la correa puesta. Sostén un premio o un juguete en la mano más próxima a él como señuelo. Da un solo paso adelante y date una palmada en la pierna para animarlo a seguirte. Di «¡al pie!» cuando se mueva a tu lado, elógialo y dale el premio. Repite cinco veces.

2 Da dos o tres pasos con el perro al pie, parando y premiándolo en cada ocasión. Si no está en la posición correcta, la correa comenzará a tensarse. Si esto sucede, para y hazle retroceder hasta quedar al pie; entonces vuelve a empezar desde el principio.

3 Mientas camina junto a ti, di «¡al pie!» repetidamente, al tiempo que lo elogias y lo premias. Repite el ejercicio varias veces y luego descansa y juega.

Socialización 3

Fiesta de visitas

Invita a unos amigos a casa para una «fiesta de socialización». Déjales jugar con el perro usando juegos y premios, pero supervisa cualquier signo. Distrae al perro de vez en cuando y concédele un descanso, dándole la oportunidad de volver a jugar más tarde. Si la estrategia funciona, pide a las visitas que se pongan sombrero, gafas de sol o algún tipo de disfraz y que jueguen con él. Dale premios y juegos con frecuencia. Permítele que vuelva y olisquee a las personas una a una y prémiale por su elección.

Juego en círculo

Pide a las visitas que se sienten en círculo y da a cada una dos premios. Una persona al azar del círculo llamará al perro, le pedirá que se siente y luego le dará el premio. Se nombrará a otra persona del círculo para que haga lo mismo que la anterior. Se repetirá el ejercicio hasta que todos hayan tenido dos turnos.

Día 8

«¡Mírame!»
(DÍA 7)

Caminar al pie
(DÍA 7)

Conocer a otros perros

Señales con las manos y órdenes verbales

ADIESTRAMIENTO CON RESTRICCIÓN

5 min | 10 min | 10 min DESCANSO 10 min | 5 min DESCANSO Y JUEGO

Conocer a otros perros

Es importantísimo que tu perro aprenda a saludar a otros perros en calma, y sólo cuando se lo permitas. Esta destreza se enseña con facilidad, pero necesitarás la ayuda de algún amigo que tenga perro.

1 Queda con el dueño de otro perro que sepas que es tranquilo y de confianza. Pídeles que estén quietos mientras te aproximas desde una distancia de 20 pasos. En cuanto tu perro muestre interés por ellos, da un paso atrás, llámalo y prémialo.

2 Repite el ejercicio varias veces, permitiendo al perro que en cada ocasión se acerque más al otro perro, antes de dar un paso atrás, llamarlo y darle el premio. Si se mantiene tranquilo, al final lo recompensarás dejando que los perros se olisqueen brevemente durante unos segundos.

3 Llama con voz contenta al perro para que se aleje del otro perro, ofreciéndole un premio o un juguete. Suavemente guíalo con la correa si se muestra reacio. Una vez que vuelva a ti, déjalo que salude de nuevo al otro perro pero un poco más de tiempo, para luego caminar juntos con los nuevos amigos.

Señales con las manos y órdenes verbales

¿En qué se fija más tu perro, en las señales manuales o en las órdenes verbales? Repasa las señales que utilizas, para estar seguro de que tu adiestramiento sigue su curso y de que estás enviando mensajes claros a tu perro.

Señales con las manos

La mano se eleva para decir «¡sienta!», desciende para indicar «¡échate!», se mueve lateralmente para decir «¡de pie!» e inmóvil indica «¡quieto!». Para la orden «¡mírame!», la mano se dirige a los ojos. Sostén siempre un premio en la mano que hace la señal. Practica hasta que entienda bien las órdenes, y dalas verbalmente sólo una vez.

Órdenes verbales

¿Repites con frecuencia las órdenes verbales? Tal vez sea porque crees que el perro no te ha oído; sin embargo, debes resistir la tentación. Repetir las órdenes verbales reduce su eficacia. Como los perros dominan la observación de nuestros cuerpos (incluidas las señales manuales), la persistencia verbal tiene poco efecto.

Contento cuando lo manipulan

Además de la orden «¡de pie!» (día 6), deberás sostener al perro con firmeza para el tratamiento en el veterinario y para asearlo y cepillarlo. Esta contención debe ser bienvenida, no amenazante. Eso permite moverlo o conducirlo con seguridad en momentos de urgencia. (Véase debajo «Adiestramiento con restricción».)

Adiestramiento con restricción

Ase suavemente el collar del perro y deja un juguete o un premio en el suelo justo fuera de su alcance. Cuando tire hacia delante para apoderarse de él, impídele con delicadeza que lo alcance durante unos segundos, ofreciéndole a cambio pequeñas golosinas. Cuando se calme, recoge del suelo la «tentación» y dásela. Si forcejea, usa un juguete o premio menos tentador hasta que asuma felizmente que también es divertido esperar y que te retengan.

Repite este ejercicio con premios cada vez más tentadores hasta que haya aprendido que la restricción del dueño sigue siendo provechosa. Pide a miembros de la familia y a amigos que practiquen este ejercicio contigo, para que el perro se acostumbre a que lo retengan otras personas.

Día 9

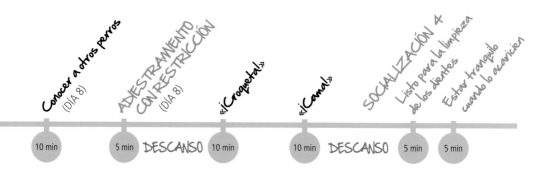

Conocer a otros perros (DÍA 8) — 10 min

ADIESTRAMIENTO CON RESTRICCIÓN (DÍA 8) — 5 min

DESCANSO

«¡Croqueta!» — 10 min

«¡Canal!» — 10 min

DESCANSO

SOCIALIZACIÓN 4 Listo para la limpieza de los dientes — 5 min

Estar tranquilo cuando lo acaricien — 5 min

«¡Croqueta!»

Este ejercicio confiere al perro suficiente seguridad como para rodar sobre la espalda sin sentirse vulnerable, y es ideal para examinar el vientre o para recortarle las uñas.

1 Haz que el perro asuma la posición de tumbado. Pon un premio junto al hocico y comienza a desplazar el premio hacia un costado para que lo siga lateralmente con la cabeza. Mantén el premio cerca del cuerpo para que mire por encima del hombro. Prosigue el movimiento de la mano hasta que todo el cuerpo ruede sobre el costado.

2 Una vez tumbado sobre el costado, prémialo y deja que se incorpore. Repite tres veces. Después, mientras esté tumbado, sigue desplazando lentamente la mano para que ruede sobre la espalda y sobre el otro costado, mientras la cabeza sigue tu mano.

3 Cuando haya completado la rotación sobre la espalda, di «¡croqueta!», elógialo y dale el premio. Repite y luego deja que descanse. De vez en cuando, ráscale en el vientre o examina sus patas, dándole siempre un premio como colofón.

«¡Cama!»

Esta orden ofrece al perro un objetivo específico hacia el que correr si quieres que se quite de en medio en casa o que se vaya a dormir una siesta.

1 Ponte al lado de su yacija con un premio o un juguete en la mano. Echa el premio en la yacija y, mientras el perro salta dentro, di «¡cama!». Repite el ejercicio tres veces, luego aléjate unos pasos y repite tres veces más.

2 Aléjate un poco más de su yacija. Mueve el brazo haciendo el mismo gesto de lanzar un premio mientras dices «cama» pero sin soltarlo en la yacija. Espera a que el perro se suba a ella y sólo entonces lánzaselo y dile unos elogios. Repite el ejercicio tres veces.

3 Aumenta gradualmente la distancia a la que estás de la yacija hasta que puedas enviar al perro allí desde todos los ángulos usando esta orden y el gesto del brazo. Una vez que esté en ella, dale la orden de «¡quieto!» (repite el adiestramiento «¡quieto!» del día 3 con el perro en la yacija).

Socialización 4

Listo para la limpieza de los dientes

Usa una pasta dentífrica para perros; así disfrutará lamiéndola de tu dedo o del cepillo de dientes. ¡Que lo haga y apártate! Cuando vuelva a por más, tócale la boca suavemente con la otra mano. Comienza brevemente a levantarle el labio para exponer los dientes. Repite el ejercicio y luego déjalo descansar. Dale la oportunidad de irse siempre que lo desee. Si se va, no le des como premio pasta dentífrica. Si se queda, aumenta la manipulación de la boca hasta conseguir que la abra un poco más en cada ocasión. Haz las sesiones cortas.

Estar tranquilo cuando lo acaricien

Las personas, sobre todo los niños, extienden la mano de arriba hacia abajo cuando quieren tocar a los perros, inclinándose para mostrar afecto. Enséñale a dar la bienvenida a esos gestos aparentemente amenazadores. Varias veces al día, pídele que se siente, y luego inclina el cuerpo hacia él ofreciéndole un premio o un juguete si mantiene la serenidad.

Día 10

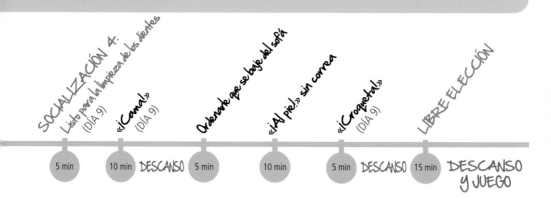

SOCIALIZACIÓN 4.
Listo para la limpieza de los dientes
(DÍA 9)

«¡Canal!»
(DÍA 9)

Ordenarle que se baje del sofá

«¡Al pie!» sin correa

«¡Croqueta!»
(DÍA 9)

LIBRE ELECCIÓN

| 5 min | 10 min | DESCANSO | 5 min | 10 min | 5 min | DESCANSO | 15 min | DESCANSO Y JUEGO |

Ordenarle que se baje del sofá

Los sofás son cómodos; se elevan por encima de las corrientes de aire y están calientes cuando te levantas: ¡claro que a los perros les encanta tumbarse en ellos! Es cuestión de cada uno si le dejas subirse o no, pero enséñale a subir y bajar para que sólo lo haga cuando le hayas dado permiso.

1 Invita al perro a subir al sofá. Aprenderá a subir sólo cuando le invites. Luego da un paso atrás y ordénale que baje y acuda a ti («¡ven!») usando un juguete o un premio para tentarlo.

2 Cuando baje del sofá, elógialo con entusiasmo. Si no se mueve hacia ti, no lo desafíes ni hagas amago de ir hacia él. La próxima vez que practiques, ponle la correa, para atraerlo tranquilamente hacia ti. Siempre dale una recompensa.

3 Utiliza la orden de «¡fuera!» (día 6, página 35) para impedir que se suba al sofá. Llámalo e, incluso si está mirando el sofá, elógialo; luego envíalo a su yacija más próxima.

Libre elección

Trabajo de distracción

Ya cuentas con un buen repertorio de órdenes y señales para adiestrar al perro; sin embargo, necesita practicar en cualquier lugar. Para esta sesión de libre elección, elige un ejercicio y practica en un lugar donde haya ajetreo. Si el perro muestra inseguridad, ordénale una tarea muy sencilla. Si todavía le cuesta, consulta la tabla al final de este libro (páginas 92-93) para asegurarte de que no le falta socialización en esta área.

Reducción de señuelos: comida y juguetes

Mediante un ejercicio en que el perro muestre seguridad, suprime el uso de comida o juguetes de modo que no sostengas nada en la mano durante el adiestramiento. Esto es algo que tendrás que hacer con todos los ejercicios en el futuro.

«¡Al pie!» sin correa

Esta destreza te permite aumentar la confianza en los paseos aunque no lo lleves con correa. El perro aprenderá a caminar a tu lado en libertad pero bajo control. Aumenta gradualmente las distracciones que os rodeen durante el paseo, de modo que aprenda a no hacer caso y seguir a tu lado.

1 En una zona cercada, ponle la correa y sostenla floja. Pídele que vaya al pie (véase el día 7, página 37) y da unos cuantos pasos; al hacerlo, deja que la correa roce el suelo. Elógialo y dale la orden de liberación.

2 Vuelve a darle la orden «al pie» y deja que la correa roce el suelo, pero da diez pasos antes de darle la orden de liberación. Repite cinco veces, aumentando dos pasos la distancia en cada ocasión (si el perro sigue atento a ti) hasta que llegues a 20 pasos. Termina y juega con él.

3 Por último, quítale la correa y repítelo desde el primer paso. Practica hasta que esté atento a ti con o sin correa. Luego practica en lugares con más ajetreo, llevándolo con una correa larga si quieres al principio. Mantén los premios a la vista y prémialo con frecuencia.

Día 11

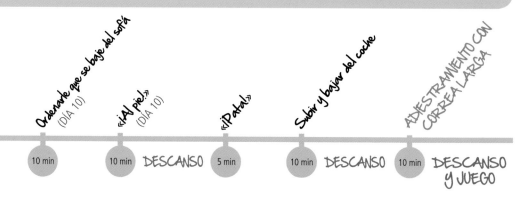

Ordenarle que se baje del sofá
(DÍA 10)

«¡Al pie!»
(DÍA 10)

«¡Pata!»

Subir y bajar del coche

ADIESTRAMIENTO CON CORREA LARGA

| 10 min | 10 min | DESCANSO | 5 min | 10 min | DESCANSO | 10 min | DESCANSO Y JUEGO |

«¡Pata!»

Esta orden es perfecta para cortar las uñas y también es un saludo muy gracioso. Sirve para enseñar a los perros mayores a no rascarse, ya que sólo permite el contacto de mano y pata.

1 Pide al perro que se siente. Luego mantén un premio en una mano y usa la otra para levantar un poquito del suelo una de sus patas delanteras. Di «¡pata!», elógialo y dale el premio antes de soltarlo. Repite el ejercicio cinco veces. Intenta que no pierda el equilibrio.

2 Una vez que el perro acepte que le levantes la extremidad, mientras dices «¡pata!», aproxima la mano a su extremidad delantera y espera. El perro debería anticiparse y levantar la pata. Elogia este movimiento cuando lo veas y de inmediato dale la recompensa. Repite el ejercicio cuatro veces.

3 Esta vez, cuando el perro levante la pata, eleva gradualmente tu mano un poco más cada vez para que estire la pata y la deposite sobre tu mano abierta. Sostén su pata unos segundos, elógialo y suelta. Repite cuatro veces.

Subir y bajar del coche

Es esencial que el perro suba y baje del coche
con seguridad y formalidad.

1 Mete al perro en el coche cuando esté aparcado en un lugar sin tráfico. Ordénale que se siente. Abre la puerta sólo una rendija. Si se mueve, cierra la puerta, aunque con cuidado de no pillarlo al cerrar.

2 Cuando el perro aguante quieto, abre más la puerta y llámalo o levántalo para sacarlo del coche. Repite este ejercicio a la inversa, pidiéndole que se quede sentado en calma mientras abres la puerta.

3 Una vez que se siente en calma cuando abras y cierres la puerta, invítalo a meterse en el coche y dale la orden de «¡sienta!» para concluir. Si se muestra reacio, echa primero algunos premios dentro del coche.

Adiestramiento con correa larga

Para aumentar la confianza antes de permitir que el perro pasee sin
correa, puedes probar a llevarlo con una correa larga. ¡Cuidado!: No dejes
que la correa se enrede en las piernas de alguien ni en ningún objeto.

Para la obediencia a la llamada y evitar que persiga

En un lugar tranquilo, ponle la correa larga a la mitad de su
longitud. Deja que el perro se mueva a su voluntad y olisquee
durante unos minutos, luego llámalo para darle un premio. Si se
hace el remolón o ve algo que perseguir, hala la correa y atráelo
hacia ti con suavidad. Para que camine al pie sin correa, ponle la
correa larga y ordénale que vaya contigo al pie. Camina unos pasos
y luego dale en calma la orden «ve a jugar!». Déjale un tiempo para
que olisquee brevemente y después llámalo para que siga al pie.
Repite el ejercicio tres veces y luego juega con él.

Día 12

Subir y bajar del coche (DÍA 11)

«¡Pata!» (DÍA 11)

¡ATRÁPAME!

ADIESTRAMIENTO CON CORREA LARGA (DÍA 11)

Examinar las orejas y los ojos

Sentarse delante de la escudilla

10 min | 5 min | DESCANSO | 10 min | 10 min | DESCANSO | 10 min | 5 min | DESCANSO Y JUEGO

Sentarse delante de la escudilla

Las comidas son un momento estupendo para adiestrar al perro, para enseñarle a tener un poco de paciencia cuando le pongamos la cena.

1 Deja que el perro observe cómo le preparas la comida, luego ponte delante de él con la escudilla en la mano. Dale las órdenes de «¡sienta!» y «¡quieto!». Espera con paciencia hasta que obedezca y nunca repitas una orden.

2 Una vez que se tranquilice, comienza a bajar la escudilla al suelo. Si cambia de posición, incorpórate con la comida y espera a que vuelva a sentarse. Comienza a bajar la escudilla una vez más.

3 El perro debe estar sentado y esperar a que la escudilla esté en el suelo. Pronto se dará cuenta de que estar quieto significa que le pondrás la comida más rápido. Cuando hayas dejado la escudilla en el suelo, da la orden de liberación para que coma.

Examinar las orejas y los ojos

Examina con regularidad las orejas y los ojos de tu perro para descartar cualquier problema, y enséñale que esta acción es igual de agradable que cuando lo acaricias. El perro se mostrará más confiado si has practicado con él antes de que tenga que someterse a la exploración de un veterinario.

Examinar las orejas

Pide al perro que se siente y acaríciale la cabeza con calma. De vez en cuando, tócale las orejas mientras le hablas bajito y se las levantas con suavidad. Si está relajado, mira más de cerca dentro de la oreja. Prémialo. Repite con la otra oreja. Deja que se vaya si así lo desea, pero ofrécele premios sabrosos para animarlo a que se quede quieto.

Examinar los ojos

Sigue las instrucciones para explorar las orejas, pero presta atención a los ojos. Los problemas oculares requieren tratamiento médico, así que llama enseguida al veterinario si sospechas que hay algún problema.

¡Atrápame!

Éste es un juego en que se derrochan energías y que ayuda a mejorar la llamada a perros de todas las edades. Marca el ritmo del juego para que el perro no se ponga demasiado nervioso o intente dar mordiscos.

1 En una zona cercada, quita la correa al perro. Camina hacia delante y deposita en el suelo un juguete delante de él; de repente, cambia de dirección y huye, llamándolo con la voz excitada para que te persiga y deje el juguete en el suelo. Cuando te alcance, juega excitadamente con él usando otro juguete.

2 Recoge el primer juguete y repite el paso 1 tres veces. Luego comienza a lanzar en vez de depositar el juguete en el suelo. Si le cuesta obedecer, pasa a depositar de nuevo el juguete en el suelo. Aléjate del perro siempre a la carrera, incluso si comete algún error, y prémialo bien cuando acuda a ti.

Día 13

Examinar las orejas y los ojos (DÍA 12) — 5 min

¡Atrápame! (DÍA 12) — 5 min — DESCANSO

¡Sssh!... ¡Deja de ladrar! — 5 min

Saludar con educación — 15 min — DESCANSO

JUGUETES PARA JUEGOS DE INTELIGENCIA — 10 min — DESCANSO Y JUEGO

¡Sssh!... ¡Deja de ladrar!

El objetivo de este ejercicio es acallar los ladridos del perro cuando esté emocionado, no cuando tenga miedo o esté alterado (véanse las páginas 68-69 y 89 para más información y consejos para tratar otros problemas con los ladridos).

1 Haz que un familiar acuda a la puerta de casa, o simplemente que llame a la puerta con los nudillos, si esto suele provocar que el perro ladre. Ten en la mano algunos premios muy olorosos. Cuando ladre, pon un premio justo delante del hocico.

2 Cuando deje de ladrar para olisquear el premio, di «¡sssh!» y llévate un dedo a los labios con la otra mano. Cuenta hasta cinco mientras esté en silencio, luego elógialo y dale el premio. Elógialo y dale el premio sólo después de ese período de silencio.

3 Repite los pasos 1 y 2 hasta que el perro te mire en silencio cuando oiga la llamada a la puerta. Si lo prefieres, deja que dé uno o dos ladridos antes de darle la orden. Recompénsalo sólo después de que haya guardado silencio a pesar de oír la llamada; de lo contrario, aprenderá a ladrar para recibir premios.

Saludar con educación

Es muy importante que tu perro aprenda a saludar a otras personas en calma y con educación, tanto si las conoce como si no.

1 Dispón que varios amigos se encuentren contigo en distintos puntos de una de las rutas habituales de tus paseos. Saca al perro de paseo y, en cuanto veas a un amigo aproximarse, dale las órdenes de «¡sienta!» y «¡quieto!».

2 Si tu perro está muy nervioso, pide al amigo que se quede a cierta distancia, sin establecer contacto visual con él, hasta que se calme un poco. Luego permite que se aproxime más.

3 Deja que el amigo y el perro se saluden brevemente; da al perro la orden de «¡al pie!» y sigue andando. Si no obedece inmediatamente, ten paciencia; quizá le cueste varios intentos aprender que la gente sólo saluda a los perros tranquilos.

Juguetes para juegos de inteligencia

Para estimular la independencia del perro, opta por juguetes que despierten el instinto predador. No importa cuál sea su edad: su sentido del olfato avivará ese instinto y entrará en acción.

● Mete su cena en cubos, pelotas o juguetes huecos de goma, o la comida en una caja de cartón sellada para que la rompa y acceda al contenido. Enséñale a «buscar» ayudándole a encontrar la comida la primera vez. Zanahorias o manzanas troceadas son un posible relleno bajo en calorías.

● Los juguetes complejos requieren un comportamiento interactivo. Elige juguetes interactivos con comida dentro que exijan aprender alguna habilidad, como levantar una pieza o una tapa deslizante para acceder al interior. Ayuda al perro a resolver el problema la primera vez y no dejes que mordisquee el juguete. Con tu ayuda aprenderá que ésta es una actividad estimulante para recrearse con calma.

Día 14

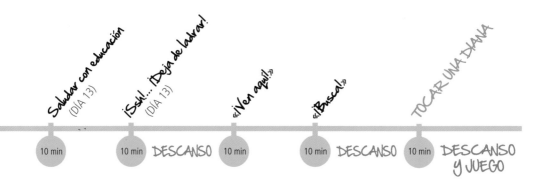

Saludar con educación
(DÍA 13)

¡Ssh!... ¡Deja de ladrar!
(DÍA 13)

«¡Ven aquí!»

«¡Busca!»

TOCAR UNA DIANA

| 10 min | | 10 min | DESCANSO | 10 min | | 10 min | DESCANSO | 10 min | DESCANSO Y JUEGO |

«¡Ven aquí!»

Usa esta orden para llamar al perro a tu lado desde cualquier ángulo o distancia. Esto puede ser útil incluso dentro de casa si quieres que permanezca junto a ti por cualquier motivo.

1 Ponte enfrente del perro. Aproxima un premio a su hocico y a continuación da un paso atrás con la pierna izquierda. Al mismo tiempo, atráelo hacia el lado izquierdo echando atrás la mano izquierda (la que sostiene el premio).

2 Aleja la mano un poco de la pierna para que el perro se desplace ligeramente hacia fuera. Empieza a trazar círculos con la mano retrasada en sentido opuesto a las agujas del reloj.

3 Da un paso adelante con el pie izquierdo para que el perro asuma la posición «al pie» mientras avanzas. Di «¡ven aquí!», elógialo y dale un premio. Repite el ejercicio con el perro en posiciones iniciales diferentes.

«¡Busca!»

Mediante esta sencilla técnica, deja que tu perro demuestre su estupendo sentido del olfato para localizar objetos ocultos.

1 Enséñale uno de sus juguetes favoritos, o mete un premio dentro de un bote con tapa y escóndelo debajo de un cojín o de una manta.

2 Azúzalo a encontrar el objeto y, mientras lo hace, di «¡busca!». Elógialo en cuanto localice el objeto y recompénsalo con el juguete o un premio. Repite el ejercicio varias veces y luego esconde el objeto en el mismo lugar, pero no dejes que te vea ocultándolo.

3 Amplía este adiestramiento escondiendo el objeto en un lugar distinto cada vez durante las siguientes tres repeticiones. Luego déjalo descansar. Cuando tenga confianza, elige escondrijos cada vez más difíciles de localizar, como el jardín o áreas de hierba alta durante los paseos.

Tocar una diana

Es posible enseñar al perro a tocar una diana, para a partir de ahí desplegar conductas más avanzadas, como cerrar puertas o tirar de una palanca. Primero tienes que crear una diana sencilla, como un círculo de cartón o una tapa de plástico. Si quieres, prende una cinta de ella, para que puedas colgarla donde prefieras.

Empujar con el hocico

Empieza por dejar la diana en el suelo. Deposita un premio en su centro. Cuando el perro acuda a comer el premio, di «toca» y elógialo. Te llevará unas seis repeticiones que comience a correr a sabiendas hacia la diana. Empieza a decir «¡toca!» nada más que comience a moverse; de ese modo aprenderá a buscar la diana al oír la orden. Repite el ejercicio cinco veces. Luego suprime el premio de la diana y repite de nuevo el ejercicio. Ten paciencia y el perro seguirá buscando la diana. Cuando baje el hocico para olisquear, elógialo y lánzale el premio. Repite cinco veces.

Día 15

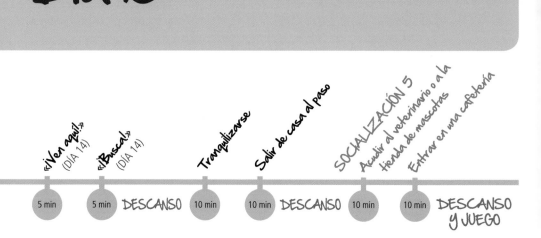

«¡Ven aquí!» (DÍA 14)	«¡Busca!» (DÍA 14)		Tranquilizarse	Salir de casa al paso		SOCIALIZACIÓN 5 Acudir al veterinario o a la tienda de mascotas	Entrar en una cafetería	
5 min	5 min	DESCANSO	10 min	10 min	DESCANSO	10 min	10 min	DESCANSO y JUEGO

Tranquilizarse

Enseñar al perro a controlarse –a tranquilizarse– es sencillo si se compagina la agitación de un juego con períodos frecuentes de calma.

1 Juega con el perro usando un juguete y mantén el grado de excitación relativamente bajo. Usa un juguete de goma o plástico que no pueda agarrar fácilmente.

2 Después de un par de minutos, deja de jugar. Saca un premio pequeño y cámbialo por el juguete, al tiempo que das al perro la orden de «¡échate!». Cuando se tumbe, elógialo, cuenta hasta tres y di «¡a jugar!», comenzando de nuevo a divertiros con el juguete.

3 Repite estos pasos de cuatro a seis veces, añadiendo un segundo adicional en la cuenta de «échate». El premio por calmarse se convierte en el divertimento con el juguete, lo cual enseña al perro a calmarse sin frustración.

Socialización 5

Acudir al veterinario o a la tienda de mascotas

Tu perro necesita experiencia y disfrutar de las visitas al veterinario antes de que surja una emergencia, así que pregunta si puedes ir a la consulta, aunque sólo sea para saludar y dar un premio al perro. Las tiendas de mascotas a menudo dan la bienvenida a los perros, así que pregunta también en la tienda si puedes hacer alguna visita. Llévalo para que elija un juguete nuevo o a comprar premios. Deja que salude al personal y aprovecha para practicar las destrezas adquiridas con el adiestramiento.

Entrar en una cafetería

Acude a una cafetería donde se permita la entrada de perros. Lleva una alfombrilla pequeña para que se tumbe. Si la gente quiere acariciarlo, pídeles que primero le ofrezcan un premio, o dáselo tú mismo. Permite la interacción sólo si muestra interés o entusiasmo.

Salir de casa al paso

Por razones de seguridad, el perro debe aprender que no puede salir por una puerta a menos que lo invites específicamente. Así se le protege y se impide que salga descontrolado a la calle o reciba saltando a quien llame a la puerta.

1 Después de ponerle la correa, colócate cerca de una puerta, de modo que el perro quede a una correa de distancia de la puerta. Al aproximarte a la puerta, tal vez el perro haga lo mismo. Devuélvelo en calma a la posición inicial usando la correa.

2 Repite hasta que consigas llegar a la puerta sin que el perro intente seguirte. A continuación, abre una rendija en la puerta. Si se abalanza hacia la entrada, cierra la puerta con cuidado de no pillarlo. Devuélvelo en calma a la posición inicial.

3 Repite hasta que puedas abrir la puerta por completo sin que el perro se mueva. Déjale que traspase la puerta sólo cuando hayas hecho tú lo mismo antes. Así podrás comprobar que no hay peligro antes de llamarlo.

Día 16

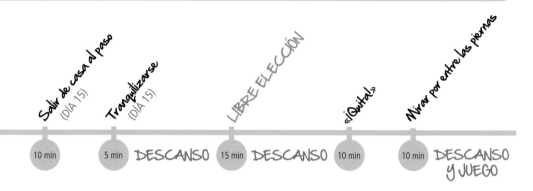

Salir de casa al paso (DÍA 15) · 10 min

Tranquilizarse (DÍA 15) · 5 min

DESCANSO

LIBRE ELECCIÓN · 15 min

DESCANSO

«¡Quita!» · 10 min

Mirar por entre las piernas · 10 min

DESCANSO Y JUEGO

«¡Quita!»

Enseña al perro a alejarse de algo que quiera para acudir directamente a ti. Debe aprender a hacer esto siempre que digas «¡quita!», incluso si se trata de gatos, otros perros o comida que hayas dejado en el suelo.

1 Pide al perro que se siente y pon su juguete favorito delante de él. Debe permanecer sentado mientras haces esto. Si se abalanza, retira el juguete y vuelve a intentarlo. Mantén un segundo juguete o un premio en la mano.

2 Siéntate detrás del perro y llámalo. Cuando se vuelva para mirarte, di «quita» y retrocede para animarlo a acercarse a ti. Elógialo y dale un premio.

3 Si el perro es reacio a alejarse del juguete, usa la correa para alejarlo suavemente. Cada vez que se dé la vuelta, coloca de nuevo el juguete en el suelo para que reciba el mensaje inconsciente. «Quita» significa 'aléjate y no vuelvas nunca'.

Mirar por entre las piernas

Éste es un truco divertido que aumentará la confianza del perro mientras se mueve cerca de ti pero sin tocar tus piernas.

1 Comienza con el perro sentado detrás de ti. Ponte delante de él, y separa las piernas la anchura de las caderas para que formen una V. Lleva un premio o un juguete en una mano.

2 Mete la mano con el señuelo entre las piernas y agítalo para que el perro se acerque y lo siga al sacar la mano de entre las piernas. El perro asomará la cabeza entre tus piernas. Para justo antes de que las patas delanteras se adelanten a las tuyas.

3 Pide al perro que se siente o se quede quieto, luego elógialo y dale un premio. Repite tres veces con el perro empezando más lejos de ti en cada una de las repeticiones. Después practica desde el primer paso pero con el perro comenzando a un lado –y no detrás– y luego delante de ti.

Libre elección

Explorar un lugar nuevo

En la sesión de libre de elección de hoy, ¿por qué no llevar al perro a pasear por un lugar completamente nuevo? Elige un sitio que no hayas visitado antes, como un bosque o una calle comercial, donde puedas practicar cualquiera de las sesiones de los días previos. También puede ser una oportunidad para hacer nuevos amigos humanos y caninos con quienes continuar su socialización.

Relajación y masaje

Tómate tiempo para una sesión de relajación con el perro, para acariciarlo en calma. Fíjate en qué áreas del cuerpo prefiere que masajees y aprende el tipo de tacto que sirve para que se relaje. Podrás usar esos conocimientos cuando lo elogies o quieras calmarlo.

Día 17

«¡Quita!»
(DÍA 16)

Mirar por entre las piernas
(DÍA 16)

«¡Trae!»

«¡Gira!»

CIERRA LA PUERTA

15 min   5 min   DESCANSO   10 min   5 min   DESCANSO   10 min   DESCANSO y JUEGO

«¡Trae!»

Con esta orden se enseña al perro que hay que devolver los juguetes para
seguir jugando, y le proporciona una buena dosis de ejercicio. Además,
al usar una esquina, se le desanima de huir corriendo con el juguete.

1 Siéntate en el suelo o en
una silla, apuntando con la
mano izquierda a una esquina de
la habitación. En esa misma mano
comienza a mover un juguete
blando, como un trapo, para que
muerda y hale, manteniéndolo
cerca del suelo. Cuando comience
a seguirlo, lánzalo a la esquina.

2 Azúzalo para que recoja
el juguete. Tendrá
que tornar hacia ti porque la
esquina le impide alejarse a
la carrera. Cuando lo haga,
elógialo mostrando tu emoción.

3 Juega con el perro
manteniendo la misma
emoción, y luego repite el paso
1. Si se niega a soltar el juguete,
cámbialo por un premio antes
de continuar. Repite tres veces y
después recoge el juguete.

Cierra la puerta

Mediante el adiestramiento con una diana (véase día 14, página 51), le enseñarás a cerrar la puerta colocando la diana en ella a la altura del perro. Sirve cualquier puerta, hasta la de un armario bajero de la cocina.

Comienza por pegar la diana a una puerta abierta. Mantén un premio cerca del centro de la diana y dale la orden de «¡toca!». En el momento en que toque la diana, elógialo profusamente y dale el premio. Repite cuatro veces; al llegar a la quinta repetición, retén el premio y pide al perro que la vuelva a tocar. Entonces deberá empujar la diana con un poco más de fuerza antes de que lo elogies y le des el premio. Elogia y premia los empujones más fuertes hasta que termine moviendo la puerta. Una vez que empuje la puerta con confianza, retira la diana y da la orden de «¡toca!». Con práctica, aprenderá a empujar la puerta hasta que se cierre.

«¡Gira!»

Divertido y emocionante, este truco de girar sobre sí mismo puede ser uno más del repertorio para mostrar a todo el mundo lo mucho que os divertís con este programa de 21 días.

1 Con el perro delante de ti, sostén un premio o un juguete en una mano. Cuando lo siga con la cabeza, comienza a girar la mano en un trazo circular encima de su cabeza.

2 Una vez que haya girado la cabeza, sigue el movimiento circular. Agita la mano para mantener su interés por el reclamo y, mientras esté trazando el círculo, di «¡gira!».

3 Cuando complete el círculo, elógialo y dale el premio o juega con él y un juguete. Repite una vez más y luego deja que descanse. ¿No querrás que se maree?...

Día 18

CIERRA LA PUERTA
(DÍA 17)

«¡Gira!»
(DÍA 17)

«¡Trae!»
(DÍA 17)

«¡Dame!»

LLAMAR AL PERRO QUE
ESTÁ CON OTROS PERROS

«¡Ten!»

| 15 min | 5 min | 10 min | DESCANSO | 5 min | 5 min | DESCANSO | 10 min |

«¡Dame!»

Enseña a tu perro que renunciar a la posesión de un objeto y dártelo siempre supone ser recompensado, más que ser retado. A medida que vaya aprendiendo esta lección, anímalo a que suelte los objetos en tu mano si es posible.

1 Entrega al perro uno de sus juguetes favoritos. Mientras lo tiene en la boca, coge otro juguete o premio y sostenlo a poca distancia y a un lado de su cabeza, de modo que sólo pueda alcanzarlo girando.

2 Zarandea el premio o juguete y, en cuanto el perro se encare con él, ofréceselo para que suelte lo que tiene en la boca. Mientras lo hace, di «¡dame!», luego elógialo y deja que reciba el premio o juguete que llevabas en la mano.

3 Repite los pasos 1 y 2 varias veces, para convertir la acción en un juego. Cuando el perro intercambie enseguida el juguete a la orden de «¡dame!», sitúa la mano bajo el juguete que quieres que suelte. Elógialo cuando caiga sobre tu mano.

Llamar al perro que está con otros perros

Desarrolla la respuesta del perro a tu llamada para que siempre acuda sin que importe lo entretenido que esté jugando con otros perros. Ve de paseo por una zona con mucha actividad, como un parque. Si el entorno es seguro, podrás llevarlo sin correa, aunque, en caso de duda, no se la quites. En cuanto tu perro detecte a otro perro, da un paso atrás rápidamente y di «¡ven!», elogiándolo con emoción cuando acuda a ti. Luego deja que vaya a jugar con el otro perro como recompensa. Practica de nuevo la llamada para que acuda a ti y luego permítele seguir jugando. Si se muestra reacio a volver, usa la correa para alejarlo con suavidad del otro perro.

«¡Ten!»

Pedir al perro que lleve objetos por ti es una forma estupenda de crear vínculos útiles entre los dos. Esta orden y esta destreza son un poco distintas a «¡busca!», ya que el objeto no se lanza previamente.

2 Anímalo a avanzar para atrapar el juguete. Al mismo tiempo que la boca apresa el juguete, elógialo y di «¡ten!». Anímalo a sostenerlo en la boca unos segundos y luego di «¡dame!». Repite tres veces y después dale descanso.

3 Si el perro intenta arrebatarte el juguete, mantenlo quieto y en calma y entonces dile «¡sienta!» o «¡quieto!» antes de comenzar el ejercicio. Algunos perros no son diestros en eso de sostener juguetes en la boca; si éste es el caso, utiliza un palo para morder o esconde comida dentro de un juguete hueco para motivar al perro.

1 Ponte en cuclillas y pide al perro que se siente en el suelo delante de ti. Sostén el extremo de un juguete que le sea fácil atrapar con la boca y con el que sepas que disfruta jugando.

Día 19

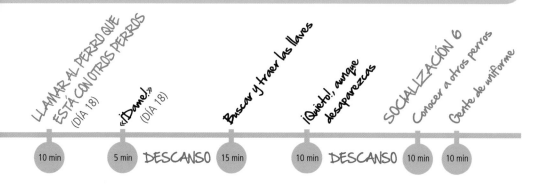

LLAMAR AL PERRO QUE ESTÁ CON OTROS PERROS (DÍA 18) — 10 min

«¡Dame!» (DÍA 18) — 5 min

DESCANSO

Buscar y traer las llaves — 15 min

¡Quieto!, aunque desaparezcas — 10 min

DESCANSO

SOCIALIZACIÓN 6 Conocer a otros perros — 10 min

Gente de uniforme — 10 min

Buscar y traer las llaves

Esta habilidad significa que nunca volverás a perder las llaves, ni siquiera si vas de paseo. Es una destreza valiosa que se establece a partir de las habilidades previas del perro (véase «¡busca!», día 14; «¡trae!», día 17, y «¡ten!», día 18).

1 Prende un paño a un llavero con una sola llave. Ten cuidado de que el perro no intente comerse el llavero ni tragárselo; si éste es el caso, vuelve a practicar la orden de «¡ten!» (véase la página 59). Jugarás con el perro usando las órdenes «¡busca!» (véase la página 51), «¡trae!» (véase la página 56) y «¡ten!» con este llavero.

2 Comienza por esconder el llavero debajo de otros objetos y pide al perro que lo encuentre y lo saque. Recupera siempre el llavero y recompensa al perro con un juguete o un premio: nunca le dejes que juegue con las llaves. Repite el ejercicio cinco veces, luego dale descanso.

3 Camina en línea recta con el perro al pie, luego deja caer el llavero detrás de ti. Envíalo a buscarlo y traerlo. Repite esta acción cinco veces, manteniendo emocionante y divertida la operación de «¡busca!». En tus paseos, repite el ejercicio desde el paso 1. Pasa a usar tus llaves de verdad sólo cuando ambos estéis seguros.

¡Quieto!, aunque desaparezcas

Esta sencilla tarea enseñará al perro a sentarse y estar quieto aunque desaparezcas de su vista.

1 Da al perro la orden de «¡sienta!» y «¡quieto!», de modo que esté mirando en la dirección en la que vas a retirarte.

2 Aléjate y ocúltate un momento detrás de un mueble; luego vuelve. Elógialo y dale la orden de liberación. Repite el ejercicio cuatro veces, luego escóndete detrás del marco de la puerta, vuelve, elógialo y de nuevo da la orden de liberación. Repite cuatro veces.

3 Al ocultarte detrás del marco de la puerta, cuenta hasta tres y vuelve. Repite, pero contando hasta cinco en esta ocasión. Aumenta el tiempo que estás oculto unos segundos más cada vez. Después de cinco veces, repite, pero cuenta sólo hasta dos segundos antes de volver. Repite.

Socialización 6

Conocer a otros perros

No dejes que el perro se abalance sobre otros perros ni los mire fijamente con intenciones de reto. Llévalo con la correa floja cuando salude. Si se mantiene en calma, deja que salude. Si se altera, repite el ejercicio con las órdenes de «¡vete!» y «¡sienta!», ofreciéndole premios frecuentes para evitar la frustración. Háblale con suavidad pero mantén las reglas (establecidas arriba) claras y fáciles de seguir. Nunca dejes que se abalance sobre otros perros ni los avasalle cuando vaya sin correa.

Gente de uniforme

Las chaquetas de colores vivos, los cascos de motocicleta, las botas pesadas y las sacas de correo pueden sacar de quicio a los perros. Deja que tu perro salude a personas de uniforme, y tal vez el cartero se ofrezca a darle un premio si visita tu casa. Puede ser el comienzo de una gran amistad, así que, si su respuesta es «sí», deja un bote con premios cerca de la puerta de casa.

Día 20

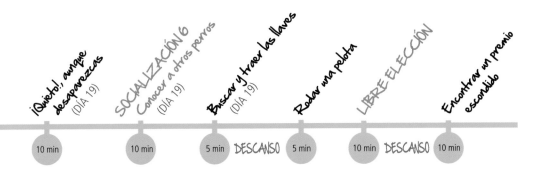

¡Quieto!, aunque desaparezcas (DÍA 19) — 10 min

SOCIALIZACIÓN 6 Conocer a otros perros (DÍA 19) — 10 min

Buscar y traer las llaves (DÍA 19) — 5 min

DESCANSO

Rodar una pelota — 5 min

LIBRE ELECCIÓN — 10 min

DESCANSO

Encontrar un premio escondido — 10 min

Rodar una pelota

Es divertido enseñar al perro a empujar una pelota hasta una portería, y bueno para su destreza. El tamaño de la pelota puede variar, pero aunque todas valgan elige una que no pueda llevar en la boca ni tampoco pinchar.

1 Deja un premio cerca de la pelota, de modo que el perro tenga que desplazarla un poco con el morro para tener acceso a él. Elógialo cuando lo haga y repite la acción cinco veces.

2 Aproxima el premio más a la pelota para que el perro tenga que quitarla de en medio para cobrar la recompensa. En el instante en que empuje la pelota, di «¡empuja!» y elógialo. Repite cinco veces hasta que el perro se sienta feliz desplazando la pelota con el hocico.

3 Sin dejar un premio debajo de la pelota, pídele que empuje. Espera a que razone lo que debe hacer. Cuando se ponga a buscarlo (y aparte la pelota), elógialo y dale un premio de tu mano. Repite hasta que esté seguro de que hay un vínculo entre la orden de «¡empuja!» y la acción de mover la pelota con el hocico.

Libre elección

¡Estás a un día de terminar el plan! Los momentos de libre elección son más importantes que nunca, sobre todo cuando eches la vista atrás y pienses en todos los conocimientos que habéis adquirido tu perro y tú. Elige la tarea favorita del perro y practica al nivel más sencillo. Se acostumbrará a la interacción contigo y será un recordatorio de que el adiestramiento es un momento de disfrute, con poca o ninguna presión.

Planifica el futuro

Haz una lista de las cosas que quieres mejorar y programa esas tareas en el plan de adiestramiento. Tal vez todavía el perro salte para saludar, pero ahora tienes muchas opciones para remplazar esas conductas por otras que prefieras. Sé creativo. ¡Existen pocos límites!

Encontrar un premio escondido

Éste es un truco de magia y un juego de búsqueda todo en uno. El perro disfrutará buscando un premio sabroso usando sólo el olfato. Es una estimulación excelente para su olfato y un entretenimiento para ambos.

1 Alinea en el suelo tres vasos de plástico (o tres macetas de plástico) y deja que el perro te vea metiendo un premio debajo de uno de ellos.

2 Dale la orden de «¡busca!». Permítele que olfatee los vasos para localizar el premio. Repite tres veces, luego esconde el premio sin que él lo vea. Repite otras tres veces.

3 Deja siempre que el perro vuelque el vaso elegido. Su sentido del olfato le dirá dónde se esconde el premio, pero, si intervienes, él esperará una orden tuya. Por último, pide a alguien que esconda el premio para que no ejerzas ninguna influencia sobre el perro.

Día 21

Rodar una pelota (DÍA 20) — 5 min

Encontrar un premio escondido (DÍA 20) — 5 min DESCANSO

«¡ATRÁPALO!» — 10 min DESCANSO

Decir adiós con la mano — 10 min

Hacer una reverencia — 10 min DESCANSO Y JUEGO

Decir adiós con la mano

Tu perro casi ha completado su Plan de adiestramiento de 21 días, por lo que enseñarle a decir adiós lleva todo este esfuerzo de interacción social a su conclusión natural.

1 Sienta al perro a tu lado, no delante de ti, y dile «¡pata!» (véase la página 44). Fíjate en que necesitarás cruzar la mano por delante del cuerpo para hacerle la señal correspondiente con la mano desde este nuevo ángulo. Repite la acción cuatro veces.

2 Ten la mano lista por si te da la pata, pero en lugar de eso di «¡adiós!» cuando levante la pata del suelo; de inmediato elógialo y dale el premio. Repite cuatro veces, cambiándolo de sitio en cada ocasión para luego ponerlo a tu lado.

3 Transforma el gesto de la mano diciendo adiós con ella mientras le das la orden. El objetivo es pedir al perro que diga adiós a personas situadas delante de él, por lo que siempre debe mantenerse a tu lado y mirando adelante, hacia la audiencia.

«¡Atrápalo!»

Muchos perros optan por esperar hasta que un objeto en el aire cae al suelo. La orden de «¡atrápalo!» le enseña a interceptar el objeto en el aire.

1 Sostén un pequeño premio en la mano encima de la cabeza del perro. Mantenlo cerca de su hocico mientras mira hacia arriba y a continuación déjalo caer directamente sobre su boca. Repite hasta que empiece a anticiparse a tu acción y atrape el premio en el aire. Di «¡atrápalo!» justo cuando lo haga.

2 Aléjate de él y tira al aire un premio que trace un arco hacia su hocico. El movimiento debe ser lento y repetitivo, y asegúrate de que está siguiendo fijamente tu mano. Una vez que atrape los premios de este modo, aléjate aún más y repite. Puede tardar un tiempo en juzgar correctamente la velocidad y el movimiento del premio. Cuando coja los premios con seguridad, cámbialos por un juguete que sea fácil de agarrar con la boca.

Hacer una reverencia

Tus esfuerzos al cumplir este plan de 21 días merecen reconocimiento, por eso este truco enseña cómo ambos podéis hacer una reverencia, ¡posiblemente para recibir un merecido aplauso!

1 Comienza con el perro en la posición de pie. Aproxima un premio a su hocico y ve bajándolo gradualmente hacia el suelo. Mantén el premio muy cerca del hocico, aproximándolo poco a poco hacia su cuerpo, de modo que baje la barbilla y los hombros para seguirlo de cerca.

2 Sigue moviendo el premio para que el perro hunda el hocico en el pecho para seguirlo. Cuando lo haga, di «¡reverencia!», elógialo y dale el premio. Dale orden de liberación y repite cinco veces. Si fuera necesario, pon el dorso de la mano debajo y justo delante de sus patas traseras, para evitar que toquen el suelo.

3 Al mismo tiempo que digas «¡reverencia!», asegúrate de hacerla tú también; ésa será la señal corporal junto con la orden verbal. Mirad un espejo y haced la reverencia los dos a la vez. ¡Enhorabuena! ¡Habéis completado con éxito el Plan de 21 días!

Tercera parte:

50 soluciones rápidas

Medios rápidos y sencillos para resolver problemas complicados

Cómo usar esta sección

La clave para erradicar problemas consiste en identificar su causa exacta. Antes de que empieces a suprimir cualquier conducta, examina con detalle el problema. Comprueba también que no haya factores de riesgo o de seguridad que puedan afectar tus intentos de ayudar al perro.

Aborda siempre los problemas lo antes posible y no dejes que los errores se repitan. Esto es importante porque la repetición convierte la conducta en un hábito permanente, tanto si es una conducta deseada como si no. Parte del proceso de erradicación depende de aceptar que, aunque sea natural cierto comportamiento problemático, quizá esté vulnerando alguna ley, razón de más para que actúes con rapidez. Eres el responsable de la conducta de tu perro con independencia de lo repentinamente que haya surgido.

Nunca dejes de vigilarlo; nunca dejes que cometa un error que podrías haber evitado. La prevención es mejor que tener que readiestrarlo. Si comete un error, recuerda que tratarlo con brusquedad o con un castigo físico sólo agudizará el problema; así que evita ese tipo de respuestas.

¿De quién es el problema?

Empieza por elaborar una lista de problemas que tengas con tu perro. Al lado de cada problema, apunta cuándo se manifiesta, con quién y por qué crees que lo hace. ¿Qué espera conseguir con esa conducta? Decide si alguno de los puntos de la lista es una conducta canina normal pero en el lugar o el momento equivocados. Por ejemplo, excavar es una conducta normal y divertida para los perros, el problema radica en dónde excava y en los destrozos que provoca.

Una conducta sin causa o fin aparentes, como girar en círculos o la caza compulsiva de la cola, es un tema más complejo. Si estás preocupado, pide a tu veterinario que lo derive a un especialista en conducta animal.

Evaluación del nivel de riesgo de la conducta

¿El problema de conducta supone un riesgo para ti, tu perro o alguien más? Si es así, ¿es el riesgo elevado? Si el riesgo es bajo, como el que tu cachorro mordisquee las patas de las mesas, podrás tratarlo con paciencia y un adiestramiento gradual. Un problema de riesgo medio sería un perro pequeño que salta para saludar pero que podría tirar al suelo a un niño pequeño: en ese caso tendrás que usar una combinación de eliminación, a veces del acceso a los niños, y adiestramiento para su educación a largo plazo. Las conductas de alto riesgo, como que un perro grande y rápido se abalance sobre el tráfico, o que se haga daño a sí mismo o a propiedades cuando se queda solo, requieren medidas inmediatas; que se deben mantener estrictamente mientras adiestras al perro o buscas asesoramiento profesional.

Planifica antes de empezar

Todos los consejos para erradicar problemas de esta sección combinan adiestramiento, cambios en el entorno y tratamiento práctico. Planea por adelantado usar el mismo método sistemático por el que se aboga en el Plan de 21 días. Decídete por un resultado aceptable y realista. Si crees que el problema te supera, busca ayuda profesional.

1: Mordisquear

Los cachorros usan la boca para explorar los dedos, la ropa, los juguetes y, de hecho, ¡casi todos los objetos! Los juegos habituales de los perros también incluyen el mordisqueo. Tu cachorro irá abandonando de forma natural esa costumbre cuando crezca.

- Establece algunas «normas humanas». Los mordisqueos deben ser muy suaves, y si no es así deja de interactuar con él inmediatamente.
- Proporciónale juguetes sabrosos para morder y aptos para su edad, y cámbialos por lo que esté mordiendo. Mantén la calma.
- Si el hábito del mordisqueo persiste, llévalo a su yacija para que eche una siesta, porque es probable que esté muy cansando o sobreexcitado.
- Si un perro mayor incurre en el mordisqueo, tal vez se deba a frustración, miedo o rechazo a que lo toquen. Enséñale, ofreciéndole comida que le guste y acariciándolo en calma al mismo tiempo, que lo que le inquieta en realidad es algo para disfrutar.

2: Frustración

Si tu perro no consigue de inmediato lo que espera, tal vez manifieste su frustración poniendo las patas delanteras sobre ti, halando la ropa con la boca, embistiendo y ladrando. Cualquier ejercicio sencillo del Plan de 21 días ayudará a tu perro a superar la impaciencia al tiempo que aprende a trabajar paso a paso para conseguir su objetivo.

- Enséñale a sentarse en calma a una buena distancia cuando, de lo contrario, estaría embistiendo o ladrando; a continuación, dale un buen premio.
- Usa la orden «¡vete!» para que se distancie y te preste atención.
- Anímalo a comportarse con calma cuando esté con gente y otros perros mediante una profunda socialización (véanse las páginas 25, 33, 37, 41, 53 y 61).
- Enséñale las órdenes de «¡busca!» y «¡dame!» usando juguetes; esto hará que deje de arrancar las cosas con la boca.

3: Ladrar en el jardín

Los perros tienen un oído excelente y te avisarán con sus ladridos de cualquier ruido que les inquiete o cause excitación. Los ámbitos al aire libre ofrecen muchas más oportunidades para que los ruidos recorran largas distancias, pero ese efecto es mayor aún en el caso de los olores, sobre todo los de las perras en celo. Eso puede causar frustración a los machos y provocar que ladren frenéticamente.

Si tu perro ladra con frecuencia al aire libre, no lo dejes fuera, ya que los ladridos pueden convertirse en ruidos muy molestos. Deja que esté en el jardín sólo cuando estés con él para ordenarle que no se aproxime a los ruidos. Si no acude a ti de inmediato, usa una correa larga o una para estar en casa para atraerlo hacia ti y darle un premio. Ponle la correa siempre que salga al jardín hasta que su conducta y sus respuestas sean fiables.

4: Hiperactividad

Las razas muy activas necesitan mucho ejercicio físico y mental, que se les proporcionará varias veces al día. Si no te es posible procurarle ese ejercicio, es probable que el perro rebose energía en casa.

● Comprueba que el perro no tenga una alimentación excesivamente energética, y reduce el número de premios y aperitivos muy energéticos siguiendo el consejo de tu veterinario.
● Los perros muestran a veces un comportamiento hiperactivo cuando están en situaciones muy estresantes. Siempre que se dé este caso, llévate al perro a un lugar tranquilo y en calma donde se pueda apaciguar.
● Nunca grites, porque eso no hará sino aumentar su agitación. En lugar de gritar, enséñale a calmarse con las órdenes «¡échate!» y «¡quieto!».

5: Desmotivado o que no hace caso

Es posible que tu perro aparte la mirada o se aleje cuando intentes enseñarle algo. No es que sea cabezota, simplemente no está interesado en el premio. Asegúrate de que el premio tenga valor suficiente (un alimento blando y con mucho aroma, como pollo, jamón o queso, es una opción mejor que una galleta seca). O quizá no tenga hambre, por lo que los premios deberán ser más pequeños y tendrás que enseñárselos antes de las comidas y no después. Plantéate ofrecerle un alimento blando que puedas llevar a todas partes para usarlo de premio. Como alternativa, tal vez se sienta bajo presión y retire la mirada para evitar conflictos o que le prestes una atención que no desea. Si crees que ése es el caso, termina la sesión de adiestramiento y deja que descanse. Haz que la siguiente sesión sea mucho más sencilla y permite a tu perro que gane al principio algunos premios con facilidad.

6: Señales de miedo o ansiedad

Las señales de ansiedad a menudo se confunden con actos de «desobediencia» o «dominancia» cuando, en realidad, son signos evidentes de que el perro siente miedo o intenta evitar algo. A menudo estas señales son una advertencia para el dueño u otros perros.

- Si rehúye la mirada, si se lame los labios, si envara el cuerpo y bosteza, son todos signos de nerviosismo, por lo que debes saber reconocerlos cuando interactúes con tu perro.
- Las señales de nerviosismo sufrirán una rápida escalada y degenerarán en una conducta más grave, porque está demostrando que no sabe cómo salir del atolladero. Si identificas una de estas señales, intervén de inmediato ordenándole que se aleje de la situación que le causa la ansiedad; ordénale que se siente cerca de ti o permítele que se retire a su yacija para sosegarse.

7: Distracciones del entorno

Hay algunos ámbitos que a los perros les plantean un reto o en los que tienen dificultad para desenvolverse. Una oficina ruidosa, parques en que hay otros perros o carreteras con mucho tráfico pueden derivar en una falta de concentración. En tales situaciones, dale algo sencillo que hacer durante unos segundos y con lo que esté familiarizado, como las órdenes de «¡sienta!» o «¡quieto!». Recompénsalo bien, y luego aléjalo de la fuente de distracción. Aumenta gradualmente el número de distracciones ambientales y pídele que se centre en ti practicando tareas sencillas. Socialízalo más a fondo en esos entornos durante las siguientes semanas para que se acostumbre a ellos.

8: Socialización con extraños

Tal vez tu perro sea muy bueno reconociendo a miembros de la familia, pero a lo mejor ladra o evita el trato con extraños, sobre todo niños o gente que lleva gafas o uniforme. En tal caso, es esencial recurrir a socialización terapéutica. Cuando lo saques de paseo, toma una bolsa con comida sabrosa y que huela bien, como pollo o queso. Ve sólo a sitios donde tú y él podáis ver claramente si alguien se aproxima. Cuando veas a una persona cerca, elógialo y ofrécele algo de comida, pero manteniendo siempre cierta distancia al principio. Repite la acción hasta que veas que el perro te mira feliz cuando aparece alguna persona. Busca ayuda profesional si tu perro muestra algún signo de agresividad hacia otras personas.

9: Fuegos artificiales y miedo a ciertos ruidos

Quizá tu perro sea sensible a ciertos ruidos como petardos y cohetes, aviones o electrodomésticos (el aspirador y el cortacésped son los grandes culpables). La sensibilidad a los ruidos puede ser hereditaria o desarrollarse a raíz de un único suceso que causó el susto.

● Nunca hay que obligar al perro a estar cerca de ruidos que le desagraden. En lugar de eso, graba el sonido y reprodúcelo a un volumen muy bajo mientras el perro está haciendo algo que realmente le guste, como comer o jugar.
● Habrá que aumentar gradualmente el volumen a lo largo de varias semanas, siempre combinado con alguna actividad divertida, de modo que se acostumbre al sonido y lo asocie con un divertimento.
● Asegúrate de que el perro tenga un lugar al que retirarse cuando se esperen ruidos fuertes, y busca ayuda profesional si el tema te preocupa.

10: Conducta mordedora destructiva

Tu perro querrá explorar su entorno con la boca (véase la página 68), sobre todo mientras sea cachorro y durante la adolescencia, cuando además esté con el cambio de dentición. Un perro adulto, si muerde objetos, lo hará por comodidad o para liberar tensiones. Proporciónale juguetes gustosos y duraderos para morder, como juguetes huecos de goma con queso o pasta de carne dentro. Los juguetes interactivos con comida dentro lo mantendrán ocupado y distraído, y satisfará su instinto natural depredador al tener que buscar la comida.

El aburrimiento provoca conductas destructivas, así que ofrece a tu perro multitud de estímulos. No le dejes solo más de cuatro horas al día. Si tienes que pasar más de cuatro horas fuera de casa, recurre a una guardería para perros o a un canguro canino.

11: Ansiedad por separación

A algunos perros les resulta difícil estar solos cuando se les separa de un miembro de la familia. Los perros necesitan aprender gradualmente a estar sin esa persona u otro perro con el que existan lazos de afecto. Asegúrate de que disfruta y pasa tiempo con otros, y de que tiene un refugio seguro para retirarse cuando necesite estar solo. Un perro al que no le gusta quedarse solo no es una mascota adecuada para una familia que habitualmente pasa tiempo fuera de casa. En la mayoría de los casos de ansiedad por separación o aislamiento, es una prioridad buscar la ayuda de un especialista en conducta animal.

12: Persecución de animales en los paseos

Si a tu perro le gusta perseguir y cazar, tendrá que ser de forma controlada. Los perros no sólo persiguen juguetes, sino también a otros animales, como gatos, ardillas e incluso caballos. Se aplican leyes estrictas a los dueños de perros que persiguen ovejas u otro ganado, y recibirás una fuerte multa si esto ocurre.

Enseña a tu perro a obedecer sin fisuras cualquier orden de llamada, como «¡sienta!» (o «¡échate!») o «¡quieto!», y llévalo con correa cuando vayas a sitios donde haya ganado u otros animales que puedan estar sueltos. Controla desde sus principios la caza de juguetes y luego aumenta gradualmente la intensidad y velocidad hasta que el perro haga caso omiso incluso de la tentación de animales vivos a la carrera.

13: Halar la correa

Si el perro hala la correa, tal vez esté intentando alcanzar a otros perros, o quiera olisquear o explorar, o correr por delante de ti. El perro está halando la correa, a menudo con fuerza, ¡para llegar a donde quiere ir!

● No enrolles la correa alrededor de la mano o la muñeca. Deja que penda floja y conduce al perro para que ande cerca de tus pies.
● Da un paso adelante sólo cuando la correa esté floja. Si el perro se lanza de nuevo hacia delante, da uno o dos pasos atrás, recondúcelo de nuevo junto a tus pies, relájate y vuelve a empezar.
● Nunca avances si tira de la correa. El perro aprenderá enseguida que la correa tensa significa tener que retroceder al punto de partida. La correa floja significa que puede avanzar. Debe aprender a estar atento a tus movimientos, para asegurarte de que se mantiene cerca de tus pies.

14. Saltar para saludar

Saludar a gente nueva es un acontecimiento emocionante para el perro, e incluso los cachorros aprenden pronto que las caras son el centro de comunicación e información de los seres humanos. Como resultado, a veces saltan para aproximarse a esa área tan interesante. Enseña al perro que para saludar debe sentarse primero y mantenerse sentado. Si se mueve, pide a la otra persona que no le haga caso. Mantenlo con la correa puesta para que no pueda establecer contacto físico con la persona. El perro se dará cuenta enseguida de que para saludar se debe sentar y esperar a que la persona se aproxime a él.

15: Proteger la comida y los juguetes

Establece una actitud relajada cuando haya objetos por medio enseñando al perro a intercambiarlos por algo mejor. Nunca le quites sin más la comida o los juguetes sin remplazarlos de inmediato por algo mejor. Enséñale la orden de «¡busca!» y «¡dame!» para establecer las reglas sobre esos objetos y sé generoso con los premios cuando te entregue las cosas. Llámale para que deje esos juguetes y objetos, en vez de ir hacia él para quitárselos. Si el perro protege los juguetes con una conducta agresiva, se pone rígido cuando alguien pasa a su lado mientras come o si muestra reacciones aparentemente impredecibles cuando hay comida presente, pide al veterinario que te derive a un especialista en conducta animal.

16: Engullir la comida

¿Vacía tu perro su escudilla en cuestión de segundos? Si es así, consulta el caso con tu veterinario por si ese comportamiento representa un riesgo para su salud. Para que coma con más parsimonia, esconde comida dentro de juguetes interactivos. Desperdiga croquetas para perros por el jardín para animarle a buscarlas, o guarda algunas y úsalas para adiestrarle a lo largo del día. Sé consciente de que a los perros a los que les gusta devorar la comida en cuestión de segundos pueden considerar esa conducta muy valiosa, por su tendencia a proteger la comida (véase arriba).

17: Hacer las necesidades en casa

Que los perros hagan sus necesidades fuera de casa no siempre es un proceso que ocurra de forma natural. Si tu perro hace habitualmente sus necesidades dentro de casa, necesita más directrices. ¿Escoge siempre el mismo sitio cuando está en casa, como una superficie blanda o una esquina tranquila? Si elige el felpudo de la puerta, remplázalo por una almohadilla absorbente para cachorros o por papel que puedas llevarte fuera. Los perros suelen hacer sus necesidades después de comer, beber y jugar, y al levantarse por la mañana.

Una rutina y supervisión constantes son esenciales. Observa al perro por si muestra signos de que necesita evacuar y sácalo con regularidad, usando, siempre que sea posible, el mismo camino al área exterior que hayas elegido para tales menesteres. Recompénsalo con premios y alábalo con entusiasmo cuando lo logre.

18: Guardar el vallado

Patrullar secciones del jardín, o una ventana de casa que dé a la calle, causa frustración, ladridos y, a veces, actos de agresión. También debes ser consciente de que tu perro algún día saltará por la ventana o por la valla del jardín para atacar a algún viandante; éste es un riesgo manifiesto. Enséñale a acudir a tu llamada cuando esté junto a la valla o la ventana en cuanto veas que comienza a controlarla. Reduce su acceso sin supervisión a esa área y asegúrate de que el perímetro sea seguro. No des libre acceso a las visitas al jardín a menos que el perro las conozca bien.

19: Peleas caninas

No todos los perros se llevan bien con otros. Si tu perro riñe por la posesión de objetos o por el dominio de lugares, ¿le disgustan perros específicos, o le preocupan todos los perros en general?

● Si riñe por la posesión de objetos, deberás controlar el acceso a esos objetos y enseñarle a que te los entregue voluntariamente.
● Un perro miedoso necesita exponerse gradualmente a perros amistosos para aumentar su confianza, aunque tal vez necesites la ayuda de un experto para conseguirlo.
● Si los perros que tienes en casa riñen entre sí, aplica el Plan de 21 días para establecer límites claros y ejercer un mayor control.

Si la conducta agresiva ha causado alguna herida, o si tienes miedo a que ocurra en otra ocasión, busca ayuda profesional de inmediato.

20: Fuguismo

A tu perro le resultará más interesante explorar los alrededores o conocer a otras personas que acudir a tu llamada. Enséñale la orden de «¡ven!», pero usa también una correa larga de 10 metros cuando lo saques a pasear. En varios puntos a lo largo del paseo, aléjate de él y llámalo con alegría. Recompénsalo con premios, alabanzas y con un juego. Luego hazle esperar hasta que lo sueltes, de modo que pueda partir a explorar de nuevo. Repite esto con frecuencia durante los paseos y utiliza la correa para insistir en que vuelva si muestra indicios de duda. Gradualmente aprenderá a volver a ti con independencia de las distracciones que se encuentre.

21: Hurtar comida y otras cosas

A los perros les cuesta resistirse a la comida o a cualquier objeto interesante que les quede al alcance. Si tienes cachorros, mantén los objetos valiosos lejos de su alcance y pide a los niños que recojan sus juguetes, porque los cachorros gustan de explorar y morder lo que encuentran. Los perros que alcanzan superficies de trabajo necesitan una estrecha supervisión, porque, una vez que han capturado un alimento valioso, siempre buscarán capturar más. Enséñale a acudir a ti por un premio y a alejarse de los objetos valiosos en vez de quitárselos o retirarlos. Por encima de todo, no persigas al perro para recuperar el objeto robado, porque enseguida lo asociará con un juego que te hará muy poca gracia.

22: Destruir el correo

Los perros se ponen muy nerviosos cuando llegan cartas al buzón. ¡Todos los días aparecen misteriosamente objetos desconocidos a través de un pequeño hueco de la puerta! El perro a veces los atrapa para zarandearlos o romperlos, y ése es un problema muy costoso. Impide que tenga libre acceso al buzón adosando una caja a la rendija por la parte posterior de la puerta. Deshaz el hábito enseñando al perro a alejarse de la puerta y no dejes que patrulle por esa zona cuando sea la hora de la llegada del correo.

50 soluciones rápidas

23: Problemas en los viajes en coche

Los coches son ruidosos, huelen mal y se mueven sin avisar. Los perros a menudo viajan detrás, lejos de los dueños que podrían reconfortarlos. Si a tu perro no le gusta viajar en coche, primero determina si sufre náuseas; tal vez no llegue a vomitar y sólo babee. Pide ayuda al veterinario si las náuseas son el problema.

Es posible cambiar los sentimientos de tu perro ante la idea de viajar en coche con una yacija atractiva y comida que pueda tomar en el vehículo cuando esté parado, y encendiendo el motor sólo cuando esté tranquilo. Lleva un pasajero contigo que lo distraiga y juegue en calma con él, de modo que aprenda a asociar los coches con experiencias placenteras. Desplaza el coche una distancia corta la primera vez, y luego ve aumentando la duración de los viajes para que adquiera confianza y disfrute del acontecimiento.

24: Negarse a andar

Si tu perro no presenta ningún problema médico, negarse a andar suele ser una conducta de evitación o de miedo. Un cachorro puede quedarse helado ante la incertidumbre de estar al aire libre, o tal vez le disguste el contacto con el collar y la correa. Si éste fuera el caso, deja que el cachorro lleve el collar en casa y ponle la correa bajo supervisión para que se acostumbre a esa sensación. Cuando salgas a la calle con el perro, no tires de la correa para animarle a caminar, ya que al sentirse atrapado tirará automáticamente en dirección contraria. Lleva premios y juguetes contigo para animarle y juega con él durante el paseo, tal vez parando de vez en cuando para darle confianza.

25: Excavar

Los perros excavan para divertirse, explorar y esconder cosas con las que divertirse más adelante. Es una conducta normal pero causa problemas o puede dañar arbustos o el césped. Dispón tus plantas en macetas grandes y altas para que tenga menos acceso a ellas. Supervisa los movimientos de tu perro cuando esté en el jardín, pero ten cuidado de que no vea en ello un posible juego de demanda de atención.

● Proporciónale un área adecuada para excavar, rodeada de baldosas de piedra, para que luego barrer la tierra sea sencillo. Entierra juguetes de goma y otros objetos en su arenero.

● Si el perro intenta excavar en otras zonas del jardín, pídele que vuelva a su zona reservada.

● Si regresa a una zona en que no quieres que excave, ponle una correa para insistir en tu orden de que se aleje de allí.

26: Abalanzarse fuera de casa

Las puertas se pueden convertir en un disparadero para los perros por el que se lancen en cuanto vean el primer resquicio; representan una posibilidad de explorar el mundo exterior o saludar a visitas que llegan. No obstante, las muestras de excitación cerca de la puerta pocas veces resultan útiles, y pueden derivar en que algunos perros se vuelvan muy defensivos. Adiestra la conducta de tu perro pidiéndole que se siente en calma junto a la puerta, y luego ábrela y ciérrala varias veces, mientras espera un premio sin moverse. A continuación pide a un miembro de la familia que se quede al otro lado de la puerta y repite el adiestramiento, permitiéndole que entre sólo cuando el perro se siente en calma. Para seguridad adicional, mantén al perro con la correa puesta durante todo el adiestramiento.

27: Gatos y otras mascotas

Por naturaleza, los perros tienden a cazar y a perseguir objetos pequeños en movimiento, lo cual a veces causa problemas con otras mascotas, sobre todo gatos. Si hay un gato en casa, preséntaselo al perro con mucho cuidado e impídele que lo persiga, reteniéndolo con la correa, y llámalo para que acuda a tu lado cuando el gato esté presente. Recompensa a ambas mascotas con premios sabrosos en presencia de ambos. En el caso de mascotas más pequeñas, como conejos, no dejes que las aceche ni se quede mirándolas cerca de su jaula. Ordénale que se vaya. No dejes que los animales se encuentren en libertad hasta que estés seguro de se mantendrán en calma, ya que podrían herirse gravemente.

28: Miedo a los niños

Los niños se mueven con celeridad, tienden a mantener la mirada fija y a menudo emiten ruidos muy agudos y altos. Todo ello puede sobresaltar a un perro. Socializa bien al tuyo con niños aportando múltiples oportunidades para que disfruten pasando tiempo juntos pero supervisados. Hay que enseñar a los niños a comportarse adecuadamente con el perro y explicarles que a los perros no les gusta que los abracen ni que los molesten cuando están descansando. En el caso de perros viejos, necesitarán un adiestramiento más cuidadoso si tienen miedo a los niños; para ello usaremos algún alimento sabroso para que lo asocien con experiencias positivas. Si tu perro exhibe alguna conducta agresiva, necesitará ayuda profesional.

29: Conducta agresiva

La agresión es la forma en que los perros comunican que se sienten incómodos, están asustados o quieren que algo pare o se aleje. Los perros únicamente recurren a la agresión como último recurso; no es propia de perros confiados, sin importar lo que puedan parecer. Busca señales de inquietud o estrés (véase la página 70) y distrae al perro antes de que su miedo cause una escalada de la violencia. Cualquier forma de castigo agudizará enseguida una conducta agresiva. Lo mejor es afrontar esa conducta mediante asesoramiento profesional de un especialista en conducta animal. Pide al veterinario que examine al perro por si tuviera algún problema de salud, porque a menudo eso contribuye a que desplieguen conductas agresivas.

30: Rechazo al cepillado

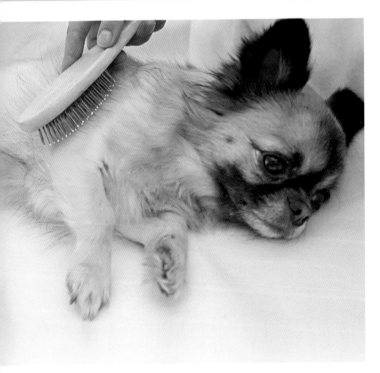

Cepilla al perro con regularidad y usa premios para que establezca una asociación placentera con las situaciones en que se lo manipula y sujeta. Usa siempre cepillos de cerdas blandas para desenredar el pelo y haz que las sesiones sean muy cortas. Incluso si sólo cepillas una pequeña parte del perro cada día, descubrirás que al cabo de una semana lo habrás cepillado por completo. Del mismo modo, usa el cortaúñas para recortar una uña por día, y recompénsalo bien cuando lo hagas, para que disfrute de una experiencia positiva.

Lávale los dientes usando una pasta dentífrica con buen sabor y especial para perros; esto ayudará a que acepte este valioso tratamiento.

31: Juego bullicioso

Algunos perros se excitan mucho al jugar y lo que inicialmente eran juegos derivan en riñas si hay una escalada de fuerzas. Si tu perro se muestra bullicioso con las personas, en especial con los niños, no dejes que se produzcan encuentros si no está bajo control. Enséñale que las sesiones de juego terminan al menor signo de conducta brusca o descuidada. Llámalo para apartarlo de otros perros o personas después de un período corto de juego, y déjalo que vuelva cuando se calme. Esto se convertirá en un hábito para premiarse a sí mismo: estar en calma le permitirá jugar; estar demasiado excitado provocará que deje de jugar.

32: Coprofagia

Los perros son carroñeros y a menudo comen todo lo que les resulta interesante. Un perro que se come sus propias heces o las de otros animales necesita que el veterinario descarte algún problema digestivo. Aunque este hábito cause asco a las personas, problemas mucho más serios se pueden derivar de la reacción del dueño de un perro ante esta conducta. Evita castigar al perro y mantén la calma. Llámalo para que deje de hacerlo y, si obedece, recompénsalo.

Enséñale a obedecer siempre que le quites algo que pueda comer, empezando por juguetes grandes que no pueda realmente comer, para que te los traiga en vez de engullirlos. Tal vez necesites llevar al perro con bozal o con la correa para prevenir que ingiera productos potencialmente dañinos. Si el problema perdura, busca ayuda profesional.

33: Perro viejo, aprendiz lento

Los perros mayores necesitan atención adicional cuando se los adiestra. Es probable que aprendan con mayor lentitud y tal vez no recuerden lo aprendido a menos que tengan oportunidad de repetirlo muchas veces. Sé consciente de que su salud y sus sentidos están declinando y ten más cuidado para no sobresaltarlo. Los perros viejos sólo «son más lentos» y no se vuelven cabezotas cuando vas de paseo o los adiestras. Si te parece que es así, es probable que le duela algo o que esté intentando ver u oír mejor.

Pide al veterinario que identifique signos de declive cognitivo. Los síntomas de tal conducta pueden ser confusión, despertarse por la noche, ansiedad por separación y hacer las necesidades dentro de casa, en cuyo caso pediremos al veterinario que nos derive a un especialista en conducta animal.

34: Conducta de monta

Perros y perras incurren en la monta, que es una forma de conducta sexual pocas veces dañina. La monta se produce con camas, cojines, otras mascotas y personas. Cuando el perro esté a punto de desplegar esta conducta, distráelo y aléjalo de ahí. Dale algo con lo que jugar o un juguete para morder, o permítele que monte sus juguetes. Ponle la correa si resulta difícil controlarlo. Apártalo unos minutos para que se calme. Asegúrate de que tenga muchas otras actividades en las que invertir sus energías. Pide consejo al veterinario sobre una posible castración si es macho, ya que esto suele reducir la conducta de monta.

35: Perros mayores y cachorros

Un perro más joven puede alterar la vida de uno mayor incluso si son buenos amigos. Los mayores siguen una rutina en casa y disfrutan de un espacio propio. Los cachorros no controlan sus impulsos; se lanzan sobre los juguetes, juegan con fuerza y reclaman la atención. Es probable que ese perro mayor se sienta inseguro con el recién llegado. Debemos asegurarnos de que ambos gocen de un espacio tranquilo para descansar. Hay que prestar más atención personal al perro mayor, y salir a pasear ocasionalmente sólo con él como antaño. No hay que dejar que el cachorro lo moleste por toda la casa, y nos aseguraremos de que no compitan por la comida o los juguetes.

36: Mudarse de casa

Los perros son animales de costumbres, por lo que mudarse de casa puede ser un proceso estresante. Intenta que la transición sea tranquila, dejando al perro en su yacija mientras se prepara todo. También puede quedarse con un amigo o familiar durante la mudanza, o en una residencia canina. Una vez instalado, da con él uno de vuestros habituales paseos antes de llevarlo a su nueva casa. Dispón su yacija en un lugar tranquilo, y durante unos días dale sus comidas favoritas. Es normal que despliegue alguna conducta de marcación de territorio y tenga lapsos a la hora de no hacer sus necesidades en casa; habrá que distraerlo si esto ocurre. Intenta establecer rutinas parecidas a las de su antigua casa.

37: Crear un rincón seguro

A los perros les beneficia contar con un sitio seguro al que retirarse cuando están intranquilos o preocupados. Un refugio o cubil les ayuda a reducir la ansiedad, tanto si es causada por ruidos ensordecedores, como petardos, como por la separación de los dueños. Crea un rincón seguro en una zona tranquila, con una yacija atractiva, agua y algunos juguetes gustosos para morder.

Una jaula también es apropiada; puedes aislar las paredes, el techo y el suelo para amortiguar los sonidos. Dale de comer y acarícialo en su refugio; haz que sea un sitio de reposo tranquilo y agradable. Si lo adiestras con éxito, optará por relajarse allí.

38: Miedo a salir al exterior

Tu perro –sobre todo si es un cachorro– tal vez tire de la correa hacia casa para retroceder sobre sus pasos. O tal vez sólo quiera pasear por un camino conocido, tirando con insistencia para ir en la dirección que le resulta familiar, o evite la aproximación a ciertos objetos durante el paseo, como bolsas de plástico, cubos de la basura, o casas en las que haya otros perros.

Si éste es el caso, mezcla algo de comida gustosa con la cena y deja trocitos trazando un camino en la dirección que antes se negaba a seguir, de modo que se vaya comiendo los trocitos uno a uno. Alábalo por su conducta y repite. Mantén siempre floja la correa. Si el perro está demasiado nervioso para comer, opta primero por rutas más cortas y tranquilas.

50 soluciones rápidas

39: Rechazo de la comida

Si te preocupa el peso de tu perro, llévalo al veterinario y asegúrate de que su alimentación es adecuada para su edad y nivel de actividad. Lleva un diario de lo que come y las horas a las que lo hace. Tal vez descubras que come más de lo que pensabas. Si por lo demás está sano, no te preocupes si ocasionalmente come menos o rechaza una comida. Nunca intentes forzarlo echándole algo más sabroso, porque así aprenderá que, si rechaza la comida, se le recompensa con una opción más gustosa. Mantén la calma; si el perro no quiere comer, retira la escudilla tranquilamente pasados unos diez minutos y no le vuelvas a ofrecer nada hasta la siguiente comida.

40: Pedir comida en la mesa cuando comes

Los perros aprenden rápidamente que hay comida disponible en las mesas y que la gente ¡a menudo la comparte! Por desgracia, sólo se necesita darle una vez algo sabroso para enseñarle que ésa es una actividad provechosa. Para que tenga una buena conducta mientras coméis, tiene que aprender a tumbarse y mantenerse un poco alejado de la mesa. Recompénsalo dándole un bote de premios, en vez de alimentarlo con comida de los platos de la mesa. Dale un juguete para morder sabroso para animarle a tumbarse y relajarse con el botín. Si alguna visita insiste en darle algo de su plato, ten preparado un plato aparte y especial «para el perro». Si quieres, se lo puedes dar más tarde, y bien alejado de la mesa.

41: Caminar junto a cochecitos y vehículos para personas con movilidad reducida

Pasear con el perro junto a un objeto con ruedas puede hacer que se enrede o que tire para alejarse y lo vuelque. Enséñale a mantenerse cerca sin asustarse ni mostrar inquietud. Comienza moviendo las ruedas un poco hacia delante y anímalo a seguirlas mientras sostienes un premio en la mano más próxima a él. Repite hasta que te siga confiado siempre en que las ruedas se muevan hacia delante. Aumenta la distancia recorrida, paso a paso, manteniendo un movimiento fluido. Una vez que tenga confianza, haz girar las ruedas para trazar un semicírculo con suavidad y, alejándote del perro, anímalo a que te siga. Traza de nuevo una curva en sentido contrario, teniendo cuidado de no pisarle las patas. Con práctica, seguirá el movimiento de las ruedas con seguridad.

42: Seguridad en la calle

Si tu perro se muestra inquieto en la calle, esto puede suponer un riesgo para ambos y para otras personas. Enseña al perro a sentarse junto al bordillo y mantenlo cerca de ti cuando te cruces con otras personas.

Si el perro se abalanza sobre la gente, sobre otros perros o vehículos, mantenlo a cierta distancia de ellos y enséñale a sentarse en calma a cambio de un premio. Prevé que los niños querrán aproximarse y acariciarlo, y que algunos lo harán sin pedir permiso. Socializa bien al perro para afrontar estas situaciones y haz que dichas interacciones sean entretenidas, divertidas y breves. Aprenderá que estos encuentros forman parte de la vida normal y que no son dianas para desplegar una conducta descontrolada.

43: Cumplir la ley

La conducta de los perros es a veces inesperada. Infórmate sobre las leyes concernientes a los perros, sin olvidarte de las ordenanzas sobre su control en público y en privado, así como las leyes sobre bienestar animal. Eres responsable de su conducta, pero también de su bienestar. Si surgen problemas, tal vez descubras que las leyes no son comprensivas contigo en caso de que hubieras podido controlarlo o adiestrarlo mejor. Evita situaciones que creas peligrosas para él, y busca ayuda si se produce una agresión a otra persona, a otro perro o a ganado. Recoge siempre las heces del perro y deshazte de ellas higiénicamente.

44: Ladrar a otros perros

Los perros suelen ladrar cuando se encuentran con otros perros durante el paseo. Algunos se manifiestan más que otros con ladridos, y un ladrido puede denotar muchas emociones. ¿A qué perros ladra el tuyo? Fíjate en la distancia a la que debe estar para empezar a ladrar, y cuánto tarda en callarse. Tal vez no haya tenido suficientes experiencias sociales positivas con otros perros como para sentirse seguro y mantener la calma. Comienza por encontrar un perro adulto y tranquilo, y trata de que se encuentre con él en paseos sucesivos. Una vez que haya aprendido que puede pasear y sentirse en calma con un perro al que conoce, podrás aplicar el mismo método para favorecer interacciones en calma con otros perros.

45: Cobrar un juguete y no devolverlo

Si tu perro se niega a volver con un juguete, enséñale a cobrar y traer el juguete tirándolo en una esquina de una habitación; así tendrá que darse la vuelta hacia ti cuando lo haya cobrado. Al aire libre, déjale puesta la correa para evitar que se largue, e intenta hacer un trueque por otro juguete o por un premio, en vez de arrebatárselo sin más cuando se lo pidas. Haz que su recompensa final sea otro juego de buscar y traer. Si no está interesado en correr y cobrar juguetes, elige uno que sea blando y chille al morderlo, y esconde comida dentro. Juega con él cuando se muestre más activo, como por ejemplo a primera hora de la mañana.

46: Morder la ropa

Los cachorros juguetones a menudo muerden y tiran de la ropa, sobre todo de mangas y perneras. Si esto sucede, sin alterarte, en calma, oblígale a soltar la ropa y ofrécele un juguete más adecuado para jugar. Usa la correa de paseo o una correa ligera para apartarlo; dale multitud de recompensas cuando resista la tentación. Los perros más mayores que muerden la ropa deben aprender la orden de «¡fuera!» (véase la página 35). No le permitas juegos descontrolados de halar y agarrar juguetes a menos que haya aprendido a soltarlos de inmediato a una orden. Dichos juegos deben tener reglas claramente definidas para que sean seguros, porque a menudo son estos impulsos descontrolados los que incitan al perro a halar cualquier objeto.

47: Gruñir

A veces los perros gruñen sin más, pero el gruñido también puede ser un signo de algo más serio. Presta siempre atención y elimina aquello que parezca ser la causa de su reacción. No sigas el consejo de que los gruñidos deben contestarse con castigos o con una actitud «dominante». Esto puede hacer que la conducta se radicalice y el perro termine mordiendo. Repasa qué puede hacer que tu perro gruña, porque suele ser algo que intenta evitar, y suele ser un signo de falta de confianza. Si tu perro gruñe a objetos o a personas, busca ayuda profesional sin demora.

48: Encontrar un buen cursillo de adiestramiento

Los métodos de adiestramiento han cambiado para ser más amables, justos y eficaces; no tiene cabida el castigo para adiestrar al perro o modificar su conducta. Visita varias escuelas de adiestramiento de tu zona y tacha de la lista cualquiera que favorezca el empleo de collares de ahorque, de castigo o de descargas eléctricas. El adiestramiento con clicker es una opción, pero no es esencial. Busca clases con pocos perros, no más de 6 a 8, que se muestren relajados, y con métodos basados en recompensas. Asegúrate de que el adiestrador tenga experiencia con todo tipo de razas y perros de todas las edades, y comprueba si están registrados en asociaciones reconocidas. Eso te dará seguridad y confianza si tienes dudas o quejas. Un adiestrador puede obtener muchas calificaciones, así que infórmate también sobre el tema.

49: Rechazo al collar, el arnés o la correa

Quizá tu perro se muestre muy excitado al llegar el momento del paseo, y cuando toca colocarle el arnés, el collar o la correa es posible que se ponga a jugar al escondite. Tal vez se deba a que con anterioridad haya llevado alguno que no era cómodo, aunque con más frecuencia se debe a que los perros reaccionan mal ante objetos desconocidos que se eleven sobre su cabeza o que restrinjan su movilidad por el cuello. Los perros sensibles suelen mostrar rechazo al tintineo de los complementos metálicos.

Saca varias veces al día el instrumental de paseo, pero sin tratar de ponérselo. Limítate a ofrecerle premios al sacarlo, y luego vuelve a guardarlo. Pasados varios días, prueba a ponerle el arnés, el collar y la correa, y enséñale a pasarlo bien con la experiencia usando en todo momento algún premio sabroso. No te apresures: enseña al perro a mantener la calma sentado o de pie mientras lo preparas para salir, y recompénsalo bien.

50: Miedo al veterinario

Incluso si llevaste al perro al veterinario con regularidad cuando era pequeño, un solo episodio estresante en la consulta puede instilar una conducta de rechazo a acudir al veterinario.

Para solventar este problema:

● Pregúntale al veterinario si puedes acudir a la consulta de vez en cuando aunque no haya ninguna necesidad médica.

● Intenta acudir a la consulta cuando muestre tranquilidad.

● Juega en casa a «ir al veterinario», con muchos premios para recompensar al perro cuando despliegue una conducta tranquila mientras examinas su cuerpo.

● Apunta las fechas de las citas habituales con el veterinario (como las vacunaciones) y practica las sugerencias anteriores a diario durante varias semanas previas a la consulta.

● Tal vez puedas elegir veterinario si tu perro parece mostrar alguna preferencia. Si es así, aprovecha ese amable ofrecimiento.

Tabla de progreso de la socialización

Asegúrate de que tu perro viva todas estas experiencias, preferiblemente todas las semanas. Recompensa toda conducta que se manifieste con tranquilidad y felicidad prestándole atención, dándole premios y mimos. Si muestra signos de inseguridad, tranquilízalo con suavidad y mantén la calma. Distrae a un cachorro con un premio delicioso o con un juguete, y concédele un poco más de distancia la próxima vez. Usa las columnas de la derecha para marcar como terminadas las sesiones (o para ponerles fecha).

TAREAS	Número de repeticiones		
Acostumbrarse a otras personas			
Hombres y mujeres adultos			
Ancianos			
Repartidores			
Corredores			
Gente de uniforme			
Gente con gafas de sol y gafas de ver			
Adolescentes			
Niños			
Acostumbrarse a otros animales			
Cachorros: silenciosos/ruidosos/bulliciosos			
Perros: pelaje oscuro/claro/largo/corto			
Gatos/mascotas pequeñas			
Ciervos/vacas/caballos/ovejas			
Acostumbrarse a distintos entornos			
Parques, tiendas, cafeterías, pubs			
Colegio (por fuera y siempre con correa)			
Carreteras con mucho tráfico (siempre con correa)			
Veterinario, peluquero, residencia canina			

TAREAS			
Uso de transportes			
Coches/camiones/furgonetas/motocicletas/autobuses			
Familiarizarse con todo tipo de superficies			
Suelos lisos/brillantes/embaldosados			
Hierba/gravilla/arena			
Quedarse solo o con extraños			
Solo en una jaula o en una habitación			
De la correa con un extraño			
Contento de que lo toquen			
Cabeza/orejas/dientes/patas			
Subirlo a una mesa/retenerlo con suavidad			
Sonidos nuevos y alarmantes			
Secador/aspirador/lavadora			
Nevera/lavavajillas/calefacción/aire acondicionado			
Globo aerostático/avión/cortacésped			
Teléfono/timbre de la puerta/contestador automático			
Petardos y cohetes			
Ladrido de otros perros			

Seguir avanzando

Tu perro puede necesitar una amplia práctica en alguna de las situaciones enumeradas aquí, así como en otros aspectos de su estilo de vida. Elabora una tabla de continuación como ésta en una libreta para llevar un registro de cuándo habéis trabajado, tu perro y tú, las destrezas que precisan práctica adicional. Fíjate en cuáles aprende con más rapidez o más lentitud, y siempre piensa en el modo de ayudarle a aprender con más facilidad.

Índice de materias

Agradecimientos

Créditos fotográficos

Se han hecho todos los esfuerzos posibles por establecer contacto con los poseedores del copyright. No obstante, los editores rectificarán gustosamente en futuras ediciones cualquier omisión inadvertida que se les notifique.

Todas las fotografías son de Russell Sadur, de Octopus Publishing Group Ltd, con la excepción de las siguientes:

Alamy Blickwinkel 47 arriba izq.
Fotolia Cbckchristine 61 abajo.
Getty Images Flickr 79 arriba; GK Hart/Vikki Hart 68 abajo; Stephen Errico 5.
Octopus Publishing Group Ltd 10, 70 arriba, 73 arriba, 88 abajo; Adrian Pope 29 arriba, 33 abajo izq., 37 arriba, 39 arriba izq., 74 arriba; Mugford 13, 19, 69 arriba, 71 arriba; Tom Miles 45 abajo, 63 arriba, 77 abajo.
Shutterstock Andrzej Mielcarek 76 abajo; Anna Hoychuk 11; bikeriderlondon 53 arriba; Darlush M 86 abajo; dogboxstudio 71 abajo; Eric Isselee 85a, 87 abajo, 90; Eric Lam 84 arriba; Fly dragonfly 91 abajo; Holbox 15 izq.; Javier Brosch 75 abajo; Naten 59 arriba; Okssi 81 arriba; Ratikova 80 arriba; Warren Goldswain 15 dcha.; WilleeCole 87 arriba; Yellowj 83 abajo.
Thinkstock Anders TÃ¥nger 17 izq.; André Weyer 21 izq.; BananaStock 14; Bojan Sokolovic 68 arriba; Chris Amaral 2-3 & 86 arriba, 78 arriba; EmiliaU 81 abajo; Frenk Kaufmann 16 izq.; Hans Paulsson 85 abajo; Fuse 82 arriba, 88 arriba; Kane Skennar 55 abajo, 69 abajo; Maciej Pokora 31 arriba; Michael Blann 78 abajo; Mustang 79, 84 abajo; Odeon 16 4; Ryhor Bruyeu 70 abajo; Shanna Hendrickson 37 abajo; Simone van den Berg 75 arriba; Smithore 89; Stockbyte 73 abajo; WilleeCole 74 abajo; Zhenikeyev 18; Zoonar 17 dcha.

Agradecimientos de la autora

Gracias, Amy, Louis, y a Martin Gadd por todo su apoyo.

Agradecimientos del editor

Gracias a Emma-Clare Dunnett de www.puppyschool.co.uk por ayudarnos con los cachorros para las sesiones fotográficas. Gracias a todos los dueños y perros que intervinieron: Amanda Blatch y Buddy, Sarah Everett y Fudge, Amanda Harding y Pepe, Wendy Herat y Willow, Sharon Hynes y Loki, y a nuestra autora, Karen Wild, por aportar amablemente sus perros Bonnie y Pickles. Gracias a Vicky y Maggie de Zownir Locations Ltd por cedernos un bonito apartamento para las sesiones fotográficas (www.zownirlocations.com). Gracias a Pets Corner (www.petscorner.co.uk) por su ayuda al suministrar accesorios y artículos para el cuidado de las mascotas. Y, por último, muchas gracias a Russell Sadur y a su ayudante Stuart Milne por la fotografía.